STADTLICHES GRÜN

AKTUELLE PROJEKTE UND BÜROS DER LANDSCHAFTSARCHITEKTUR

EBOOK INSIDE.

Mit dem Erwerb dieses Buches erhalten Sie die eBook-Ausgabe
dieser Publikation als kostenlosen Download.
Besuchen Sie dazu die Webseite
www.stadtliches-gruen.de/ebook
und folgen Sie den Anweisungen.

WEBSEITE ZUM BUCH.

Auf *www.stadtliches-gruen.de* finden Sie weitere Informationen zu
den vorgestellten Platzgestaltungen und Landschaftsarchitekturbüros.
Entdecken Sie ergänzende Fachinformationen und eine Auswahl zusätzlicher Projekte.

PLANMATERIALIEN.

Besuchen Sie *www.planordner.de* um zu den vorgestellten Projekten
zusätzliche Planunterlagen herunterzuladen.

HERAUSGEBER
FENNA TINNEFELD

TEXT
TILL SCHRÖDER
FENNA TINNEFELD

VORWORT
PROF. DR. STEFAN BOCHNIG

GESTALTUNG
FRAUKE BRINKMANN
MAXIMILIAN APPELT
FENNA TINNEFELD

ILLUSTRATION
TILL LENECKE

MITARBEIT
KRISTINA FOER
SARAH GÖRTZ
MARTIN KRÜLL
REBECCA RUNGE

COVER
BREIMANN & BRUUN – DOMPLATZ HAMBURG, 2009

DRUCK
DRUCKEREI KETTLER
DRUCK & VERLAG KETTLER GMBH
ROBERT-BOSCH-STRASSE 14
59199 BÖNEN/WESTFALEN

ISBN 978-3-946154-04-4
1. Auflage 2016

DEUTSCHER ARCHITEKTUR VERLAG
www.deutscher-architektur-verlag.de

STADTLICHES GRÜN

AKTUELLE PROJEKTE UND BÜROS DER LANDSCHAFTSARCHITEKTUR

einszuhundert

INHALTSVERZEICHNIS

VORWORT

VON PROF. DR. STEFAN BOCHNIG

Landschaftsarchitekt
Dekan des Fachbereichs Landschaftsarchitektur und Umweltplanung an der Hochschule Ostwestfalen-Lippe
Inhaber des Fachgebiets Freiraumplanung, Freiraumentwicklung und Entwerfen an der Hochschule Ostwestfalen-Lippe

Der öffentliche Raum in den Städten bildet die Bühne für das alltägliche Leben; hier werden das Image einer Stadt, die Lebensart und das Heimatgefühl der Menschen, die in ihr leben, anschaulich sichtbar. Öffentliche Räume sind stets ein räumliches Abbild der Stadtentwicklung in ihrer Gesamtheit. Stadtentwicklung unterliegt einem fortwährenden Wandel: demographischer Wandel, Aufnahme von Flüchtlingen, wirtschaftlicher Strukturwandel, Anforderungen an die Mobilität, Aufbruch in ein neues Energiezeitalter, all dies sind die Aufgaben der kommenden Jahre. Der öffentliche Raum spielt im Prozess der steten Entwicklung eine tragende Rolle, hier zeigen sich Wandel und Erneuerung schnell und unmittelbar. „Wichtiges Merkmal und Gradmesser für die Qualität der Innenstadt und des Ortszentrums ist der öffentliche Raum mit seinem Netz von Straßen, Plätzen, Parks und Grünflächen. Er ermöglicht urbanes Leben und hohe Lebens- und Aufenthaltsqualität." *(Weißbuch Innenstadt 2011, S.13)*

Öffentliche Räume werden wesentlich von Landschaftsarchitektinnen und Landschafts-architekten gestaltet. Aufgabe des Entwurfs von Freiräumen ist stets die Synthese zwischen einer ästhetisch hochwertigen Gestalt und der Einlösung der Nutzungsansprüche der Menschen. Der aktuell in der europäischen Umweltplanung verwendete Begriff der „Green Infrastructure" unterstreicht die vielfältige Bedeutung städtischer Freiräume in einem guten ökologischen Zustand *(„multiple benefits of ecosystems in a healthy state", European Commission 2015)* über Gestalt und Nutzung hinaus. Die Förderung der Biodiversität, Aspekte der Nachhaltigkeit bei Planung und Bau und die Anpassung an die Folgen des Klimawandels spielen so eine zunehmend wichtigere Rolle auch und gerade im städtischen Kontext.

Neben den gebauten Materialien sind die Pflanzen wesentliche Gestaltelemente in der Landschaftsarchitektur. Pflanzen unterliegen in ihrem Wachstum und ihrer jahreszeitlichen Entwicklung einem steten Wandel, der den besonderen Reiz von grünen Freiräumen gegen-über der gebauten Architektur ausmacht.

Die vorliegende Publikation richtet ihren Blick auf den von Landschaftsarchitektinnen und Landschaftsarchitekten gestalteten öffentlichen Raum. Sie unternimmt anhand ausge-wählter Beispiele eine Bestandsaufnahme der aktuellen Gestalt- und Nutzungsqualitäten. In der Auswahl der Beispiele wird die große Vielfalt an zeitgenössischen Projekten deut-lich. Gleichzeitig belegen die vorgestellten Entwürfe eindrucksvoll, welch herausragenden Stellenwert die Gestalt öffentlicher Räume für das Lebensgefühl der Menschen, das Stadtbild und die Baukultur einer Stadt einnehmen. Die Projekte geben damit Anregungen für weitere Aufgaben und machen „Lust auf mehr".

Unverwechselbare Gestaltqualitäten in den Städten zu schaffen setzt eine intensive Aus-einandersetzung mit dem Ort voraus. Hier liegt der Fundus für eine aktuelle und zukunfts-weisende Gestalt. Auch dies belegen die ausgewählten Projekte anschaulich, kein Projekt gleicht dem anderen, sondern schafft einmalige ortsbezogene Qualitäten.

Die Zielgruppe der Publikation ist breit angelegt, sie richtet sich ebenso an Laien wie an Fachleute. Dem entspricht die Aufbereitung der Arbeiten: In übersichtlichen Entwurfbe-schreibungen werden die Projekte mit ihren wesentlichen Daten zu den Anforderungen an den Ort, den entwurfsleitenden Ideen zu Gestaltqualität und Nutzungschancen, der zugrun-deliegenden Philosophie der planenden Büros und der Erfahrungen im alltäglichen Betrieb aufbereitet. Ausgewähltes Bildmaterial lässt die Projekte anschaulich werden und lädt dazu ein, sich vor Ort ein eigenes Bild zu machen.

EINLEITUNG

"Stadtliches Grün" befasst sich mit der innerhalb der letzten Jahre entstandenen Landschaftsarchitektur im städtischen Raum. Es werden Projekte gezeigt, die sich in das bereits bestehende urbane Gefüge eingliedern und auf ihren historisch und kulturell geprägten Standort Bezug nehmen. Der Titel soll selbstverständlich auch auf die Gelungenheit der präsentierten Entwürfe hinweisen, die vorbildhaft für ein breites Spektrum an landschaftsarchitektonischen Beiträgen zur Stadtentwicklung stehen.

Der Begriff "Grün" steht hier stellvertretend für die Freiraumplanung und umfasst in diesem Sinne sowohl Projekte mit einem größeren Einsatz von Pflanzen als auch Entwürfe, bei denen der botanische Aspekt eine untergeordnete Rolle spielt. Diese Publikation erscheint vor dem Hintergrund der wachsenden Präsenz der Landschaftsarchitektur in unserer heutigen Gesellschaft, in der sie zunehmend an Stellenwert, Charakter und Akzeptanz gewinnt. Immer öfter wird der Wunsch nach Erholung, Ruhe und Entschleunigung im unmittelbaren urbanen Umfeld laut und auch global stehen ökologisch und klimatisch orientierte Konzepte vermehrt im Fokus der politischen Debatten. Grüne Naherholungsflächen sollen einen Teil dieser Ansprüche auffangen – sie ergänzen das Stadtbild, werten vernachlässigte Zwischenräume wieder auf

und können als Forum nachbarschaftlichen Zusammenlebens fungieren.

Proportional zum allgemeinen Interesse an diesen Themen ist auch die Anzahl der Veröffentlichungen zu Landschaftsarchitektur und vor allem an Garten- und Landwirtschaftsmagazinen in den letzten Jahren deutlich gestiegen, wie die Regale der Buchhandlungen und Zeitschriftenläden zeigen. Dieses Buch versteht sich weniger als eine weitere populärmediale Antwort auf dieses Interesse, sondern soll vielmehr zu den journalistischen Auseinandersetzungen ein eher fachlich orientiertes Gegenwicht setzen, das sowohl für praktizierende LandschaftsarchitektInnen und Studierende der Landschaftsarchitektur, als auch für Laien und Interessierte einen tieferen Einblick in die Materie bietet. Die Intention dieses Formats ist es, die Vielfalt der innerstädtischen Landschaftsarchitektur zu zeigen und die Wahrnehmung für den öffentlichen Raum und dessen Gestaltung zu stärken. Die Landschaftsarchitektur umfasst eine große Anzahl an Fachgebieten und ist somit im Alltag omnipräsent: Jede Stadt, jedes Dorf, jeder Sportplatz, jeder Pflasterstein gehört mit in das Aufgabengebiet von LandschaftsarchitektInnen.

In diesem Band werden die individuellen Fertigkeiten der PlanerInnen gezeigt, Zwischenräume neu zu interpretieren und

diese für ein breites Publikum durch hohe Gestaltungsqualität und Nutzungsvielfalt zugänglich zu machen. Die Herausforderung hierbei besteht nicht nur in der Schlüssigkeit des Entwurfs, sondern benötigt eine umfassende Beschäftigung mit Schlüsselaspekten der Stadtplanung wie demographischem Wandel, kulturellem Zeitgeist und standortgerechter Materialwahl. Für den urbanen Raum ist außerdem die Funktionalität des geschaffenen Ortes ein entscheidendes Kriterium.

Beispielhaft hierfür kann das Projekt „Oase 22" stehen, bei dem das Planungsareal unmittelbar von Hochbau umgeben ist *(Seite 9 und 20-25).* Themen wie Zugänglichkeit, Erschließung, Park- und Spielmöglichkeiten mussten beachtet und in einen möglichst ansprechenden Entwurf für Mieter und Vermieter umgewandelt werden. Die Kunst, auf kleinem Raum eine praktikable, innovative, einladende und kostengünstige Lösung zu finden, die allen Anforderungen gerecht wird, kann hier exemplarisch abgelesen werden.

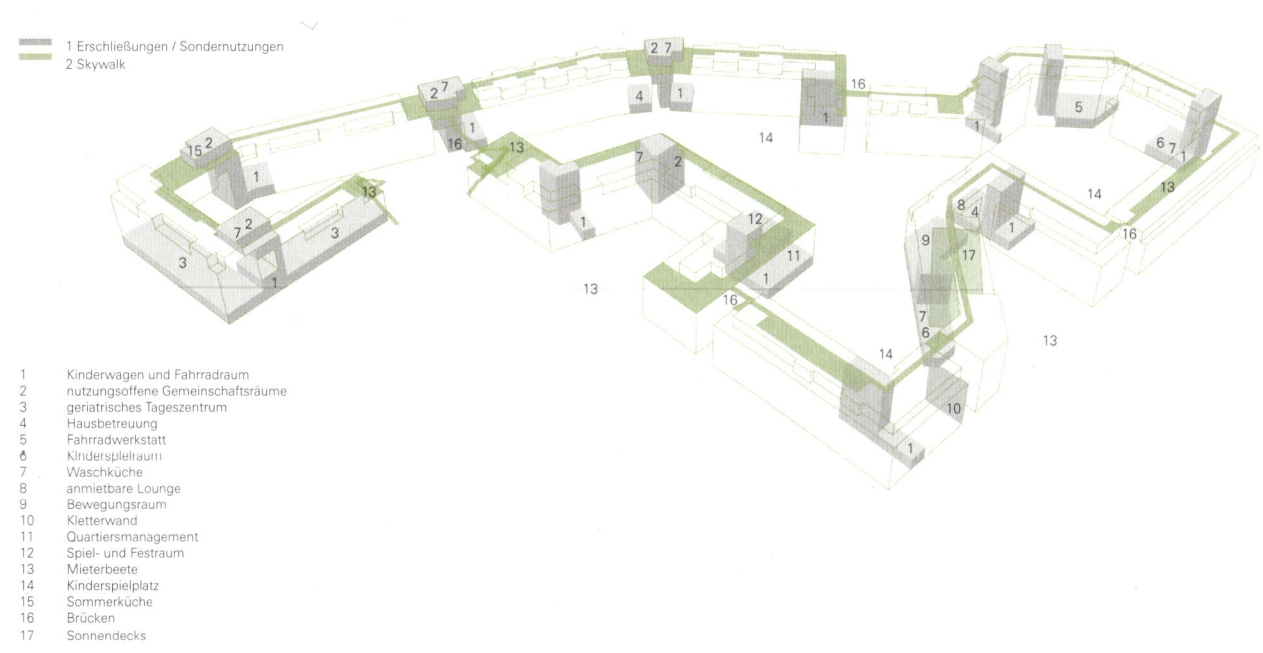

1 Erschließungen / Sondernutzungen
2 Skywalk

1   Kinderwagen und Fahrradraum
2   nutzungsoffene Gemeinschaftsräume
3   geriatrisches Tageszentrum
4   Hausbetreuung
5   Fahrradwerkstatt
6   Kinderspielraum
7   Waschküche
8   anmietbare Lounge
9   Bewegungsraum
10   Kletterwand
11   Quartiersmanagement
12   Spiel- und Festraum
13   Mieterbeete
14   Kinderspielplatz
15   Sommerküche
16   Brücken
17   Sonnendecks

*Hier beispielhaft der Entwurfsplan (Stand 2010) von RMP Stephan Lenzen Landschafts-
architekten für die Internationale Gartenschau 2013 in Hamburg Wilhelmsburg.*

Wie bei den übrigen in diesem Band aufgeführten Projekten zeigt sich hier gelungene freiraumplanerische Arbeit mit all ihren Herausforderungen und ihrem kreativen Potenzial. Exemplarische Events, wie die Internationale Gartenschau in Hamburg Wilhelmsburg *(Seite 11 und 26-31)* oder die Landesgartenschau in Mühlacker *(Seite 146-151)*, verschaffen der Landschaftsarchitektur einen hohen Stellenwert in der Stadtentwicklung des jeweiligen Standorts. Derartige Großprojekte mobilisieren finanzielle Zuschüsse, wie sie in solchem Ausmaß selten für urbane Freiraumplanung zur Verfügung stehen und ermöglichen es PlanerInnen, aktiv zur Verbesserung von Quartieren beizutragen.

In Hamburg beispielsweise benötigte die Elbinsel Wilhelmsburg eine Aufwertung, um als umgestaltetes Wohnviertel attraktiver zu werden und den Stadtteil wieder enger an die Großstadt anzuschließen. Es konnten Freiräume geschaffen werden, die sonst nicht hätten realisiert werden können.

Die geschaffenen Parks konnten auch nach Beendigung des Events bestehen bleiben und stärken nun weiterhin den Aufenthaltswert und das Zusammengehörigkeitsgefühl der AnwohnerInnen des Viertels Wilhelmsburg. Der Effekt der gelungenen Nach- und Weiternutzung von entworfenen Grünflächen spielt eine wesentliche Rolle in der Planung solcher Großprojekte. Die BürgerInnen sollen sich mit dem neu entstandenen Ort identifizieren können, Verantwortung für ihn übernehmen und somit auch das soziale Miteinander eines Viertels unterstützen.

Aus dem sich stetig im Wandel befindenden Zeitgeist erwachsen täglich neue Nutzungsansprüche und veränderte Umgangsformen mit urbanen Räumen. Sportliche Trends der jungen Vergangenheit brachten eine Vielzahl an neuen Sportarten, -geräten und dafür benötigte Freiflächen mit sich. In der Landschaftsarchitektur müssen derartige Strömungen nicht nur nachvollzogen, sondern vor allem in ihren räumlichen Ansprüchen und ihrer gesellschaftlichen und zeitlichen Relevanz bewertet werden können. Ob eine neue Jogging- und Walkingstrecke, ein Skatepark, eine Kletterwand oder eine Slacklineanlage gewünscht ist und später ausreichend genutzt werden würde, wird nicht zwangsläufig direkt an die Planungsbüros herangetragen und verlangt den LandschaftsarchitektInnen ein Gespür für Trends und eine besondere Sensibilität für alle potenziellen Nutzer eines Freiraums ab.

*Studio Vulkan Landschaftsarchitektur
haben bei dem Projekt »Toni Areal« mit
vorkultivierten Stauden, Kräutern und
Kleingehölzen gearbeitet
(s. Seite 70-75).*

Die kulturellen Entwicklungen der letzten Jahre haben allerdings nicht nur neue sportliche Aktivitäten mit sich gebracht, die das Stadtbild beeinflussen; auch Urban Gardening-Projekte haben sich exponentiell vermehrt und zeugen von einem neu aufkeimenden allgemeinen Interesse an landwirtschaftlicher und gärtnerischer Betätigung. Moderne Entwürfe nehmen auch hierauf Bezug und schaffen dezidierte Orte zur gemeinschaftlichen Gartenarbeit. Denn wenn sich auch das klassische Kleingartenkonzept wieder neuer Beliebtheit erfreut, ist es vor allem der gesellschaftliche Aspekt, welcher der neuen Gartenbewegung zugrunde liegt. Kultur-, Ideologie- und generationsübergreifende Personengruppen verbindet ein neues ökologisches Bewusstsein, von dem oben bereits die Rede war und das in zeitgenössische landschaftsarchitektonische Entwürfe mit einfließt.

Auch die improvisierte Formsprache des Urban Gardenings hat bereits die tradierten gestalterischen Mittel der PlanerInnen um neue Elemente erweitert, wie beispielsweise an dem gezielten Einsatz verfallender hölzerner Pflanzkästen in dem Entwurf von Studio Vulkan Landschaftsarchitektur zu erkennen ist (Seite 13 und 70-75). Auch die Aspekte von zeitlich begrenzten Projekten, die eine Brachfläche oder eine urbane Transitzone mit einer freiraumplanerischen Zwischennutzung bespielen und zumeist direkt aus Initiativen der BürgerInnen erwachsen, hat die Landschaftsarchitektur um spontane und temporäre Entwürfe bereichert und so dynamischer und vielseitiger gemacht. Auf den folgenden Seiten sollen die zahlreichen Facetten landschaftsarchitektonischer Betätigungsfelder anhand der ausgewählten Projekte beleuchtet und die Vermittler-Rolle erkennbar werden, die LandschaftsarchitektInnen in der Stadtplanung einnehmen. Ökologische, ökonomische, kulturelle und fachliche Faktoren müssen in Einklang gebracht und Konsens unter Architekten, Bauherren, Anwohnern und Politikern erzielt werden.

Mit diesem Blick auf ihren Wirkungsbereich könnte Landschaftsarchitektur immer als eine Arbeit im „Dazwischen" verstanden werden, die sich nicht nur ganz grundlegend im Zwischenraum architektonischer Objekte abspielt, sondern sich auch im übertragenen Sinne im Freien befindet, wo Menschen jeden Alters mit all ihren individuellen Eigenheiten aufeinandertreffen und in ihrer Gesamtheit einen Kulturraum prägen.

ALTER DOMPLATZ

HAMBURG
2009

Betrachtet man die Geschichte des Standorts, reicht der Blick bis zu der Geburtsstunde Hamburgs zurück. Grundstein und Namensgeber der Stadt war die im Jahr 817 durch Karl den Großen errichtete Hammaburg, die genau an dieser Stelle gestanden haben soll. Über 550 Jahre lang trug der Platz außerdem das Fundament des St. Marien-Doms und markierte bis zu seinem Abriss am Anfang des 19. Jahrhunderts das Zentrum der Hansestadt.

Die Nutzungspläne der vergangenen zwei Jahrhunderte waren gleichermaßen vielfältig wie kurzlebig. In den letzten 60 Jahren konnte die Freifläche als geschotterter Parkplatz seiner historischen Bedeutung nicht gerecht werden und so wurde in der jungen Vergangenheit der Wunsch nach einer repräsentativen Lösung mit geschichtlicher Anlehnung immer dringlicher.

Für den städtebaulichen Kontext brachte die Entscheidung gegen Hochbau auf dem Gelände viele Vorteile mit sich. Die Freifläche verweist nicht nur auf ihr historisches Erbe, sondern schafft vor allem Naherholungsmöglichkeiten für Anwohner, Besucher und Berufstätige in der Hamburger Altstadt. Das planerische Konzept verfolgte ein didaktisches Ziel bei gleichzeitiger hoher Aufenthaltsqualität. Eine Dualität, die sich programmatisch durch alle Bereiche und Elemente der Gestaltung zieht. Das präsenteste Beispiel hierfür sind die 42 weißen Acrylmodule, die den Platz rasterhaft überspannen. In ihren Materialeigenschaften eignen sie sich ideal als Sitzgelegenheiten, da Acryl zum einen wärmer als Metall oder Stein und zum anderen deutlich pflegeleichter als Holz ist. In ihrer Anordnung verweisen sie außerdem direkt auf den Grundriss des alten Doms, indem sie die Stellen markieren, an denen sich früher die Pfeiler des Gebäudes befunden haben. Sie stehen in direktem Zusammenhang mit fünf skulpturalen Elementen, die dem ehemaligen Stadtwall nachempfunden wurden. Schwarz lackierter Stahl erzeugt eine hohe Plastizität, die zu dem ansteigenden Rasenteppich innerhalb der Wallfragmente einen reizvollen Kontrast aufbaut.

Die zwei rechtwinklig zueinander verlaufenden Pflasterwege verhalten sich diagonal zu der Anordnung der Acrylsitzkissen und werden von diesen zum Teil überlagert. So ergibt sich ein angenehmer Bruch in der Linienführung, der die Gesamtwirkung des Platzes deutlich auflockert. Die Wege treffen außerhalb der Grünfläche aufeinander und bilden in ihren Endpunkten ein Kreuz, das sich vom helleren umgebenden Pflaster klar abhebt. Neben seiner Funktion als natürliche Aufenthaltsfläche soll durch den Rasen ein Großteil des innerstädtischen Lärmaufkommens absorbiert werden, was wiederum der ruhigen Atmosphäre zugute kommt.

Der Platz zeigt sich nicht als Kompromiss, sondern als harmonische Balance zwischen Architekturdenkmal und urbanem Freiraum. Obwohl die Anwesenheit des Doms immer zu spüren ist, da er sich elegant in der Struktur des Entwurfs zu erkennen gibt, unterstützen alle Elemente die Qualität des Platzes als vielfältig nutzbare Freizeitfläche und als natürliche Aufwertung des Stadtbildes. Ein besonderer visueller Reiz wird nach Einbruch der Dämmerung entwickelt, wenn die Acrylmodule sich als Leuchtkörper zu erkennen geben und den Domplatz in gedämpftes Licht tauchen.

*Schwarz lackierte Stahlskulpturen zeigen den Verlauf des ehema-
ligen Stadtwalls und bilden einen Kontrast zur Rasenfläche.*

Die Anordnung der Acrylmodule greift den Grundriss des ehemaligen Dombaus auf.

Die Materialeigenschaften der Acrylelemente gewährleisten einfache Pflege und hohen Sitzkomfort.

BREIMANN & BRUUN LANDSCHAFTSARCHITEKTEN

Die diagonal zu den Modulen verlaufenden Wege erzeugen eine reizvolle Spannung der Perspektiven und bringen Tiefe in die Platzstruktur.

OASE 22

WIEN
2012–2013

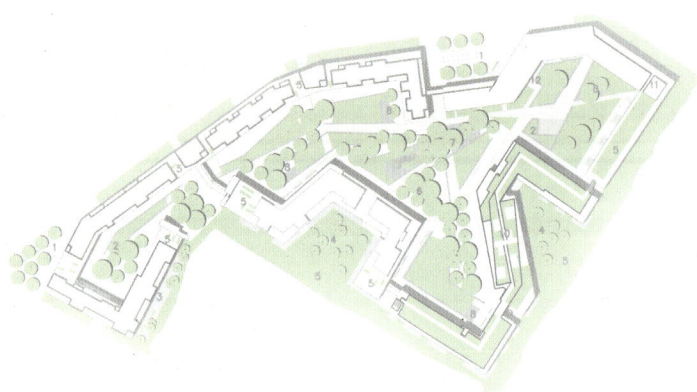

Im Wiener Stadtteil Neu Stadlau entstanden auf knapp 26.000 m² Grundstücksfläche bis Mitte 2013 insgesamt 319 Wohnungen und ein geriatrisches Tageszentrum. Die als sozialer Wohnungsbau realisierte Anlage ist als Mehrgenerationen-Komplex gedacht, in dem junge Familien, Menschen im betreuten Wohnen sowie Senioren mit intensiverem Pflegebedarf neben- und miteinander leben und sich einige gemeinschaftlich nutzbare Einrichtungen teilen.

Neben direkt zu einzelnen Mietelementen gehörenden Privatgärten sind die meisten Außenflächen als öffentliche Anlagen konzipiert. Durch die geschickte Aufteilung von überdachten, oberirdischen Fahrradabstellplätzen mit direktem Anschluss an das Radnetz im Innenhof sowie unterirdischen PKW-Stellplätzen steht der Großteil des Areals der freizeitlichen Nutzung zur Verfügung. So konnten unterschiedliche Zonen mit variierendem Angebot geschaffen werden, wie ein Fest- und Grillplatz im Erschließungsraum, ein zentraler Kinder- und Jugend-Spielbereich inklusive Kletterwand und grünen Rückzugsorten. Letztere

lassen sich vor allem in den rückwärtig gelegenen Obstgärten finden, die sich in Richtung der angrenzenden Kleingärten orientieren und durch zweigeschossige Durchgänge im Gebäudekomplex erreichbar sind. Den Anliegern stehen mietbare Gemüsebeete zur Verfügung, die bereits kurz nach der Fertigstellung vollständig vergeben und intensiv gepflegt wurden. Ergänzt wird das Angebot durch die vollständig begehbaren Flachdächer: Der „Sykwalk" erstreckt sich über den gesamten Komplex und beherbergt ebenfalls Mieterbeete, eine Grillterrasse, eine Sommerküche, einen Kleinkinderspielraum, eine Laufstrecke sowie viele weitere Nutzungen.

Die ebenerdigen Flächen können alle durch witterungsfeste Wege barrierefrei erschlossen werden, sind aber dennoch zum größeren Teil unversiegelt und gewährleisten mit wassergebundenem, baumbestandenem Belag und abgesenkten Rasenanlagen eine gute Versickerung der Oberflächenwässer. Die Grünflächen erstrecken sich vor den Erdgeschosswohnungen im Innenhof und stehen allen Mietern gleichermaßen

zur Verfügung. Die Erfahrung konnte zeigen, dass die Reduzierung von begrenzenden Elementen das Gemeinschaftsgefühl deutlich gefördert hat und Landschaftsarchitektur so eine bedeutende Funktion für das soziale Gefüge der Siedlung übernehmen konnte.

In den Innenhöfen wurde zugunsten des sozialen Miteinanders auf begrenzende Elemente verzichtet.

Kindern und Jugendlichen stehen ein hochwertiger Spielplatz und eine Kletterwand zur Verfügung.

Der Skywalk auf den Flachdächern erstreckt sich über den gesamten Gebäudekomplex und wird durch Mieterbeete bewirtschaftet.

INSELPARK

NEUE MITTE UND NEUE TERRASSEN WILHELMSBURG, HAMBURG
2009–2013

Als Schauplatz der Internationalen Bauausstellung und der Internationalen Gartenschau hat die Elbinsel Wilhelmsburg bis 2013 eine umfangreiche städtebauliche Neukonzeptionierung erfahren. Das Plangebiet wird in dem stark infrastrukturell geprägten Stadtteil von Eisenbahn-, PKW- und Schiffsverkehr eingefasst und stellte somit besonders aus landschaftsarchitektonischer Sicht eine Herausforderung dar.

Dem hohen Emissionsaufkommen wirken umfangreiche Grünflächen entgegen, welche die mit Wohn-, Garten- und Freizeitnutzung bespielten Zonen strukturieren. Der Entwurf verbindet den Bestand aus Kleingartenanlagen und Naturräumen mit der neu entstandenen Wohnbebauung, Parkarealen, sowie einem weiten Angebot an sportlichen Betätigungen.

Spiel und Bewegung nehmen bewusst eine zentrale Rolle im Gesamtkonzept ein,

um der kulturell divergenten Bevölkerung Wilhelmsburgs einen gemeinsamen Kommunikationsraum zu bieten und so Integration gezielt fördern zu können. Ein Sporthallenkomplex, ein Schwimmbad, eine Kletterhalle sowie der Erlebnisspielplatz „Jules Verne" sollen für die Bewohnerschaft der Elbinsel, die sich aus über 80 Nationen zusammensetzt, einen gemeinsamen Nenner schaffen und dem Quartier ein neues hochwertiges Zentrum schenken.

Die landschaftliche und kulturelle Aufwertung des ehemals industriell gefärbten Stadtraums bedeutet außerdem eine enorme Steigerung seiner wohnbaulichen Qualitäten. Aus der Synergie von IBA und IGS konnten innovative neue Wohnobjekte entstehen, die durch das naturnahe Umfeld attraktive Immobilien mit Zukunft darstellen. Wasserflächen in unmittelbarer Nähe und ausgefeilte Freiraumkonzepte wurden

direkt in die Entwürfe der Architekten mit einbezogen und schaffen eine nahtlose Erweiterung der Wohnsituationen in den Außenraum.

Die städtebauliche Lösung für Wilhelmsburg setzt auf eine Entwicklungsstruktur, welche das weitläufige Plangebiet durch modulare Passagenräume Schritt für Schritt an die Anforderungen des Viertels anpassen kann und auch für die Zukunft flexibel für variierende Nutzungen bleibt. Das Potenzial der ehemaligen Brachen und Sukzessionsflächen kann so auf lange Sicht erkannt und voll ausgeschöpft werden und die Hansestadt um ein weiteres Quartier bereichern, da Wilhelmsburg bislang nicht im Bewusstsein der Hamburger BewohnerInnen präsent gewesen ist.

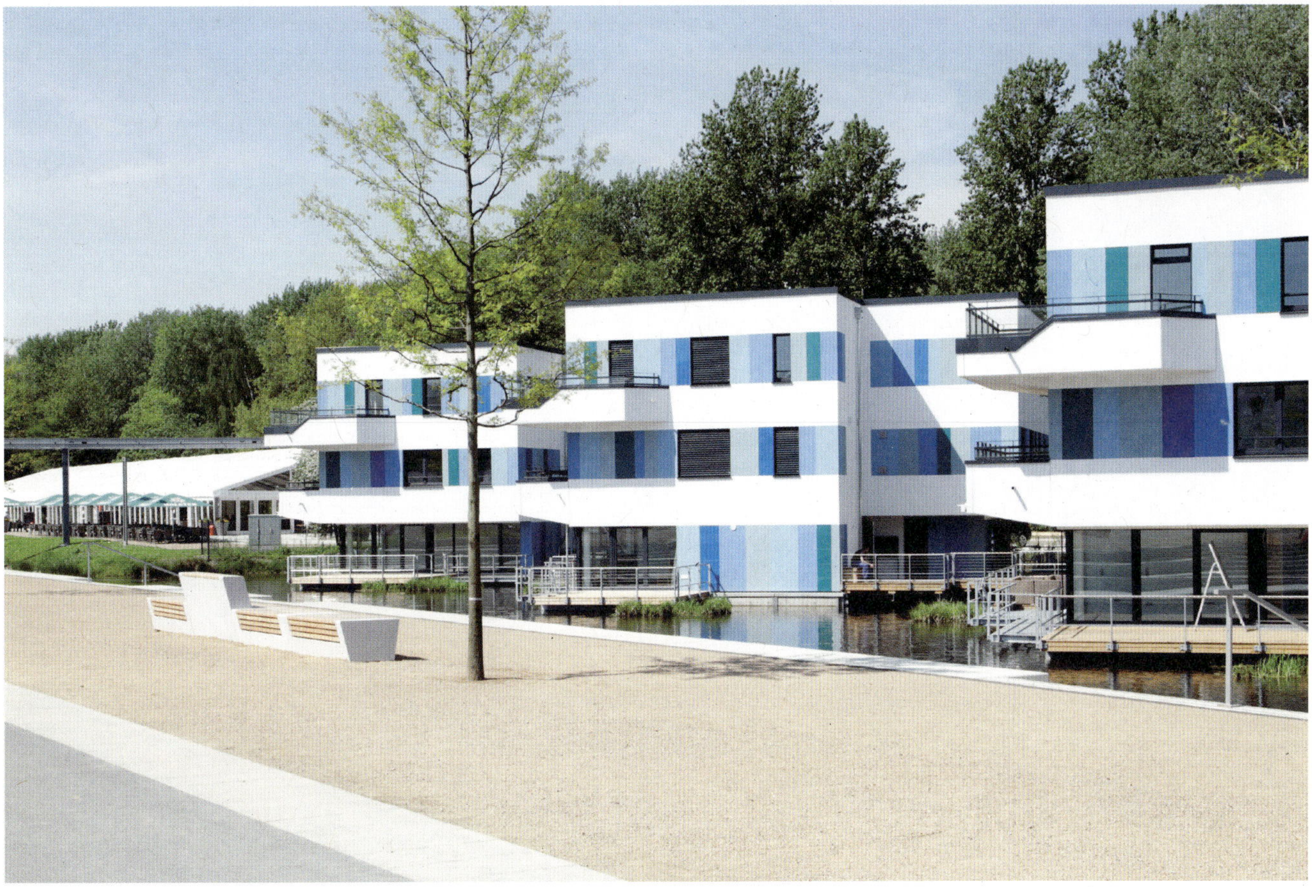

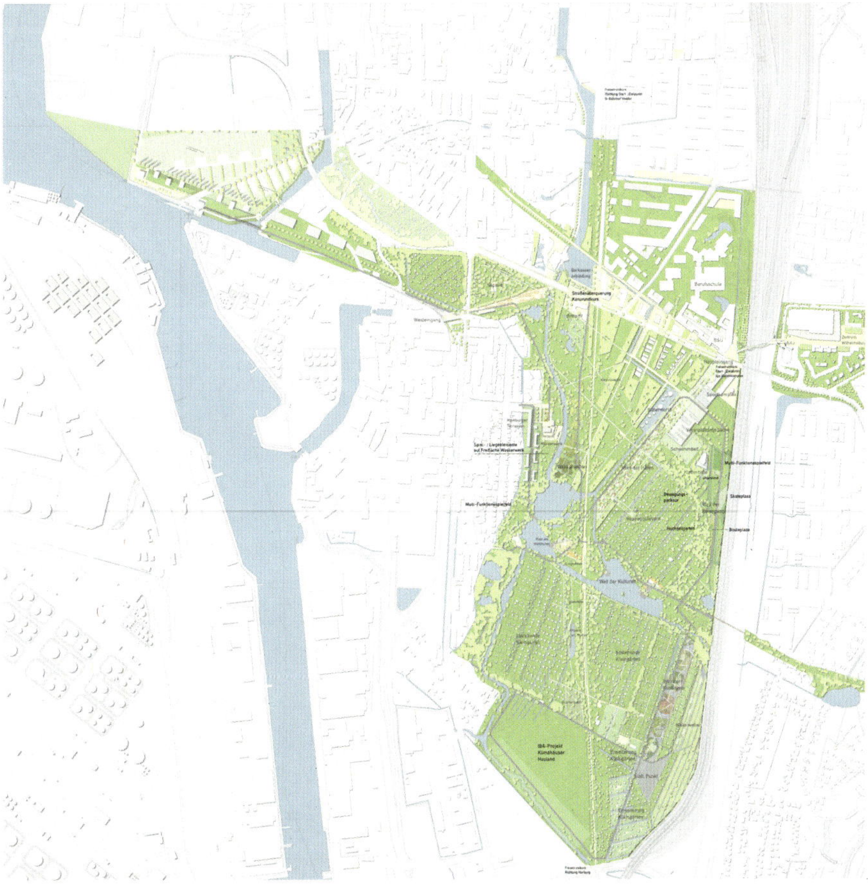

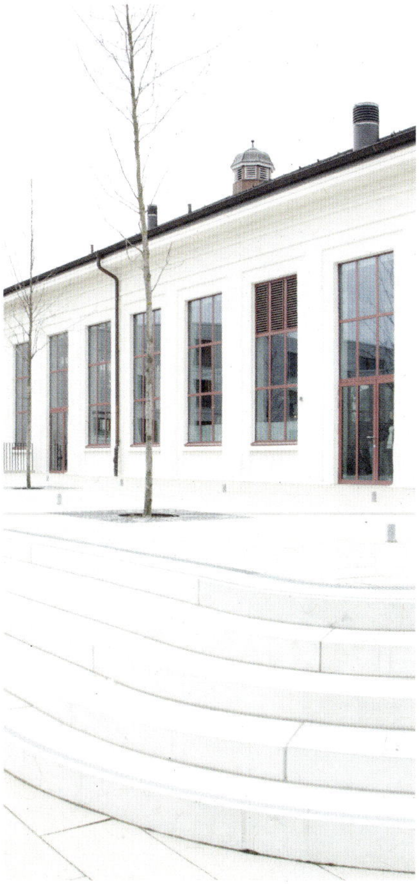

Zahlreiche In- und Outdoor-Sportanlagen
bilden ein reiches Bewegungsangebot.

RMP STEPHAN LENZEN LANDSCHAFTSARCHITEKTEN

*Wasser und weitläufige Parkareale schaffen
eine außergewöhnliche Wohnsituation.*

TORPLATZ AM EASTGATE

BUSBAHNHOF, BERLIN-MARZAHN
2012

Der verhältnismäßig junge Stadtteil Marzahn im Berliner Osten wird neben seinem denkmalgeschützten Dorfkern architektonisch besonders durch Plattenbau-Siedlungen aus den 1970er Jahren geprägt. Seit der Jahrtausendwende soll der Bezirk durch verschiedene Maßnahmen städtebaulich aufgewertet werden, wozu Modifikation und Rückbau der Plattenbauweise und Verbesserung der Naherholungsmöglichkeiten zählen.

Nachdem bereits 2005 mit dem neu errichteten Eastgate am Marzahner Torplatz Berlins fünftgrößtes Einkaufszentrum eröffnet hatte, wurden 2012 auch der Torplatz selbst sowie der angrenzende Busbahnhof durch den Bezirk Marzahn-Hellersdorf

umgestaltet. Auf 3.800m² bildet die neue Fläche jetzt ein gestalterisches Bindeglied zwischen einer Abfolge von Plätzen und Abschnitten der Marzahner Promenade. Ihre Grundstruktur verhält sich homogen zur Matrix der Promenade; so werden deren Pflasterlinien fortgeführt und in das Konzept der Platzgestaltung integriert.

Das prägende Merkmal des Torplatzes stellen drei orangefarbene, ringförmige Sitzobjekte mit eingefassten Baumpflanzungen dar. Sie setzen plastische und farbliche Akzente und werden konzeptionell auf der steinernen Mittelinsel wieder aufgegriffen, wo durch drei größere runde Bepflanzungen kleine Baumhaine gebildet werden.

Als Transitfläche sollen Busbahnhof und Torplatz sowohl Wartenden eine hohe Aufenthaltsqualität bieten als auch ankommenden Fahrgästen eine schnelle Orientierung ermöglichen. Neben seinen funktionalen Eigenschaften wird durch den neu konzipierten Freiraum außerdem ein identitätsstiftendes städtebauliches Highlight geschaffen, das feinfühlig den Charakter des Stadtteils aufzunehmen und gleichzeitig zu stärken vermag.

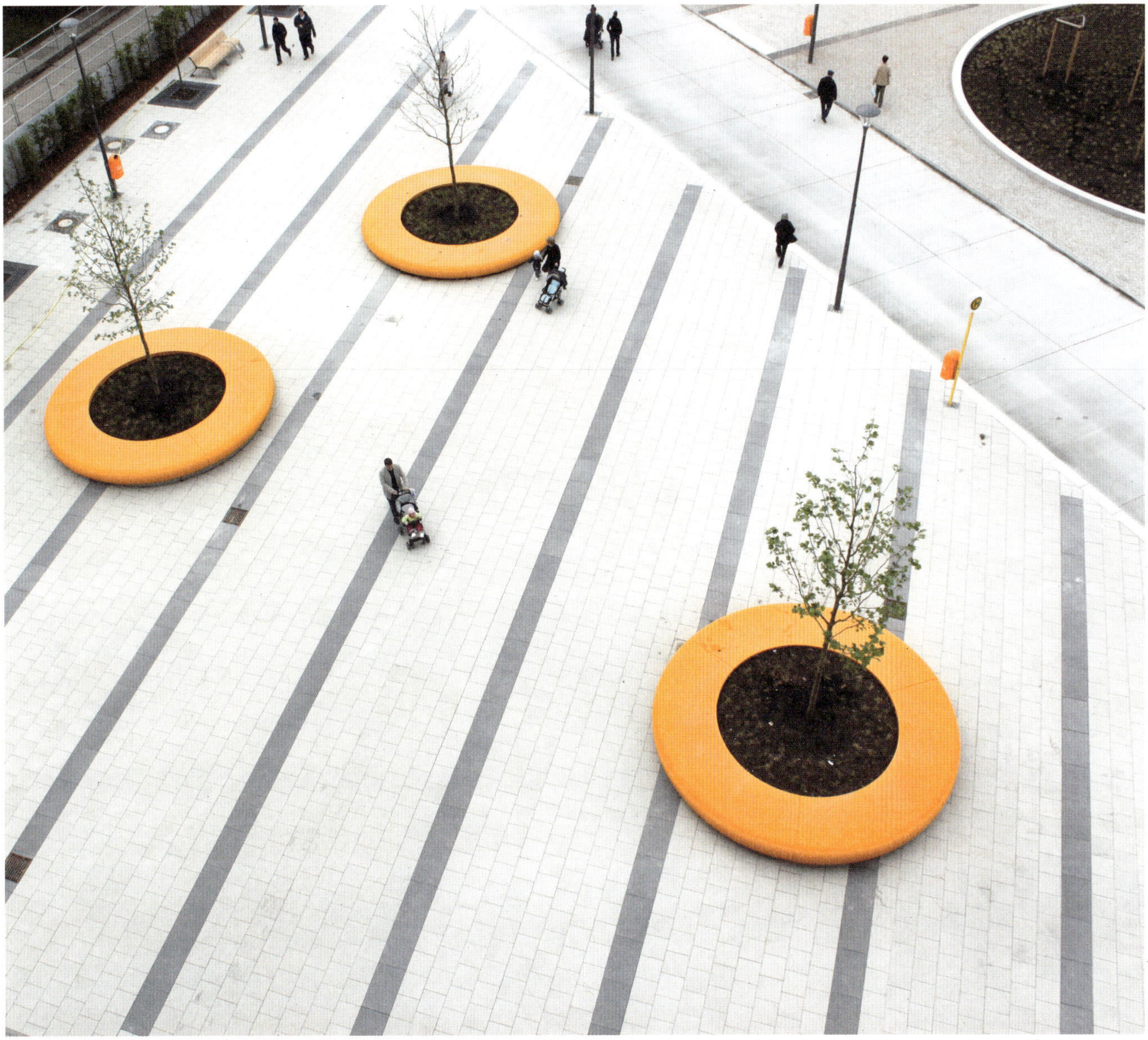

Richtung neuer Torplatz

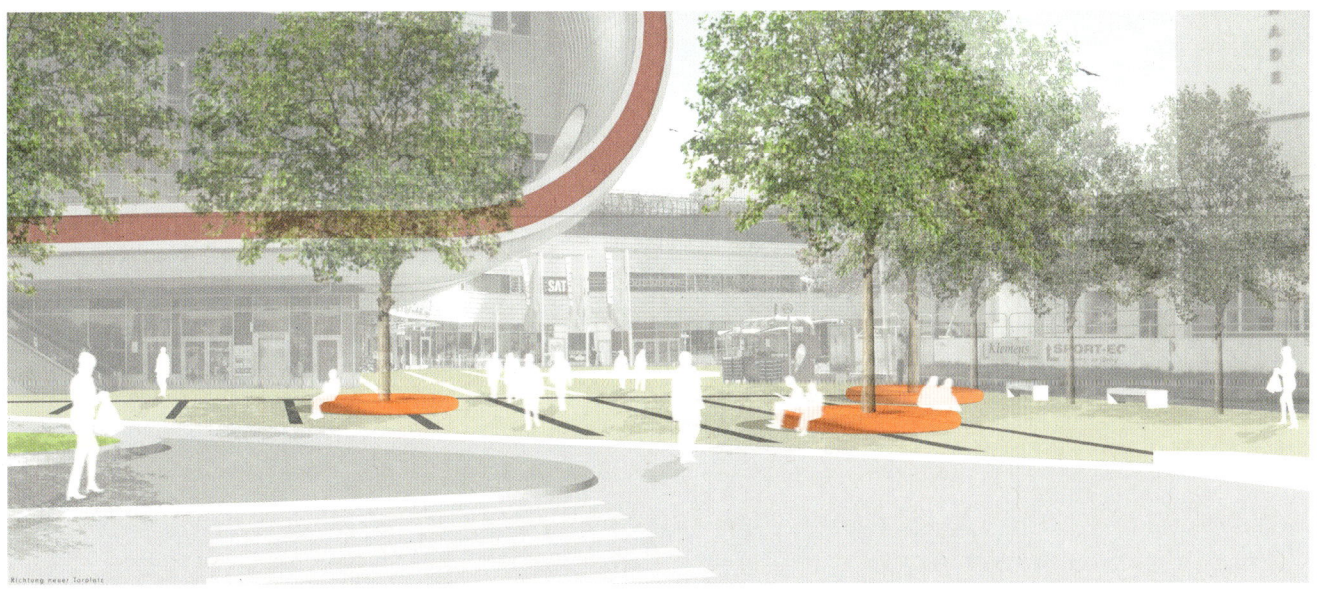

Die charakteristischen orangenen Sitzobjekte werden durch drei ebenfalls runde Baumhaine ergänzt.

Der neu gestaltete Busbahnhof nimmt die Linienführung der Marzahner Promenade auf und schafft ein konsistentes Stadtbild.

Verschiedene Gräserarten setzen die Baumhaine zu jeder Jahreszeit in einen naturnahen Kontext.

PARK IM ÜBERSEEPARK

BREMEN
2014

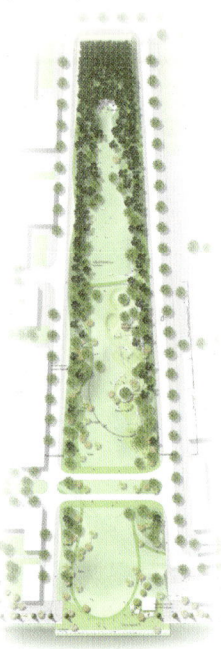

Als langgestreckter Landschaftspark liegt das Projekt im Überseepark mit seinen Sportanlagen inmitten der durch Wohn- und ältere Hafenindustriegebäude bestimmten Überseestadt in Bremen. Ein Landschaftspark, der die unterschiedlichen Kontraste der Pflanzen in Form, Farbe und Blüte gezielt zum Thema macht. Seine Raumwirkung wird durch die kräftige topographische Gestaltung unterstrichen, in die vielseitige Sportanlagen „natürlich eingebettet" sind. Umrahmt von sanft ansteigenden Wegen befindet sich neben Sport- und Spieleinrichtungen, zwei Kleinspielfeldern und einem Spielplatz im Nordosten des Parks eine Skateboard-Anlage mit einem Street- und einem Bowl-Bereich. Die Street-Anlage geht in Form einer modulierten „Noguchi"-Landschaft aus Beton in die Bowl-Anlage über. Zum Abschluss bietet eine Sitzstufe einen hervorragenden Ausblick über den gesamten Park. Der kräftige bastionsartige Abschluss des Parks ist geprägt durch einen Kiefernhain, der in Richtung Süden durch Ebereschen, Birken und Stieleichen ergänzt wird. Südlich bestimmen locker verteilte Blütenbäume und Laubgehölze zunehmend das Pflanzenbild in Richtung Weser und Überseepromenade und geben damit den Blick frei auf Wasser und Weite.

CAMPUS RHEIN WAAL

CAMPUS DER HOCHSCHULE RHEIN-WAAL, KLEVE
2009-2012

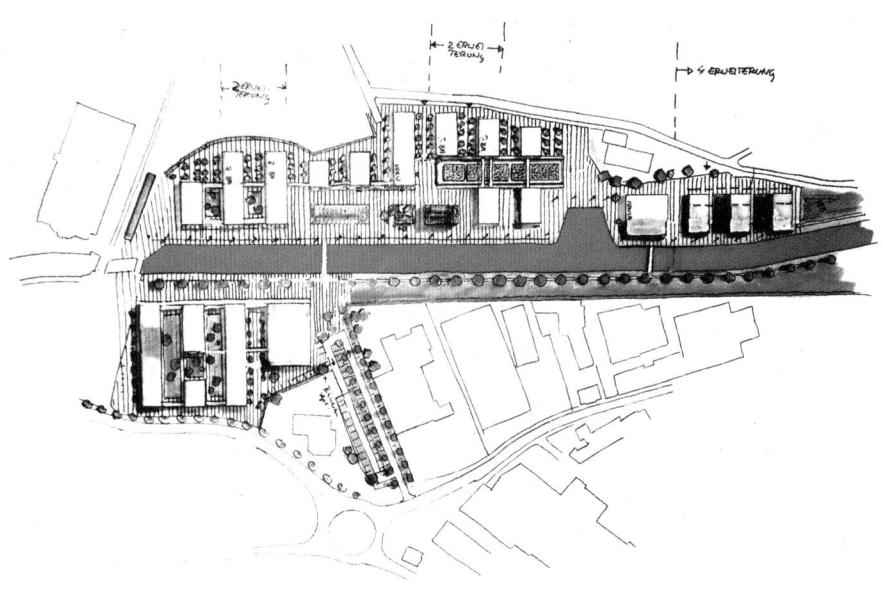

Der neue Standort der Hochschule Rhein-Waal brachte einen Freiraum mit hohem stadtplanerischen Potenzial zurück in den Fokus der Bürger von Kleve. Entlang des Spoykanals, der sich bis in die Innenstadt erstreckt, entwickelt sich nun beidseitig die Campusanlage, die dem geschichtsträchtigen Industriebestand klare und moderne Neubauten hinzufügt.

Sowohl von architektonischer als auch von freiraumplanerischer Seite wurde der Hafenanlage viel Fingerspitzengefühl entgegengebracht. Für den Ort identitätsprägende Objekte und Materialien wie der Hafenkran, Eisenbahnschienen und das kennzeichnende Großsteinpflaster wurden im Neuentwurf der Außenflächen beibe-

halten und auch die Architekten nutzten den historischen Getreidespeicher und das Hafenmeisterhaus, um dort die Bibliothek der Hochschule unterzubringen. Ergänzt wird der Bestand durch moderne weiße Gebäudemodule, in welchen Werkstätten, Labore, Verwaltungsräume und die verschiedenen Fakultäten untergebracht sind. Zwischen ihnen öffnen sich bepflanzte Höfe, die während der Vorlesungspausen attraktive Naherholungsflächen im Grünen bieten.

Zum Wasser hin erstreckt sich ein großzügiger Vorplatz, dessen grauweißes Pflaster das rasterhafte Muster der Neubaufassaden aufgreift und dieses bis zu den Füßen des Hafenkrans überführt. Auf dieser Kanalseite wird der Pier durch die im Kopfsteinpflas-

ter versenkten Bahnschienen geprägt, die entlang des Ufers verlaufen und in regelmäßigen Abständen Bänke zwischen sich aufnehmen. An der mittigen Verbreiterung des Hafenbeckens gleichen langgestreckte weiße Sitzstufen die unterschiedlichen Niveaus von Campus und Wasserkante aus. Gegenüber wurde das alte begrünte Ufer mit seinem Baumbestand beibehalten und durch einige Neupflanzungen ergänzt.

Der klassische Pier auf der einen und die promenadenähnliche Passage auf der anderen Hafenseite prägen das abwechslungsreiche Hochschulgelände und machen die hohe Aufenthaltsqualität aus, die von Studierenden, Lehrenden und Besuchern des alten Hafens sehr geschätzt wird.

Der Vorplatz führt durch seine Pflaster-struktur das Raster der Fassaden fort.

Die gegenüberliegende Seite des Hafenbeckens besitzt durch ihren promenadenhaften Stil eine ruhige Wirkung.

Das Gleichgewicht zwischen neuen Objekten und Bestand wird sowohl durch Architektur als auch durch Freiraumplanung gehalten.

GEORGSWALL

AURICH
2014

Wie viele andere europäische Städte, deren Geschichte bis ins Mittelalter zurückreicht, besaß auch Aurich einen Stadtwall, der die Entwicklung und bauliche Ausrichtung der Altstadt maßgeblich beeinflusst hat. Aurich ist, wie die meisten dieser Städte, in den vergangenen Jahrhunderten allerdings deutlich über seinen alten Stadtkern hinausgewachsen und hält inzwischen auch eine topographische Verteidigungsanlage nicht mehr für notwendig.

Um dennoch an das historische Erbe zu erinnern und vor allem um die städtebauliche Logik der Altstadt auch heute noch nachvollziehbar zu machen, sollte der Wall inklusive des seit Ende des 19. Jahrhunderts zugeschütteten ehemaligen Hafens wieder landschaftsarchitektonisch erlebbar gemacht werden. Das Büro POLA entwarf zu diesem Zweck einen ca. 400 m langen und 45 m breiten Grünstreifen, der in Ost-West-Ausrichtung den südlichen Abschluss der Altstadt bildet und an seinem westlichen Entree die Konturen des alten Hafens mit vier Wasserbecken hervorhebt. Der neue

Georgswall setzt sich aus einer die ganze Länge des Planungsgebiets überspannenden Rasenfläche, einem 310 m langen Spiel- und Bewegungsband sowie einem skulpturalen Sitzelement – der Georgsbank – als nördlichen Abschluss zusammen. Am Schnittpunkt der Wallanlage mit der Nord-Süd-Achse zwischen Markt und Rathaus wird die Grünfläche mittig von einem gepflasterten Platz mit einem Wasserspiel geteilt. Die vier in den heutigen Bürgermeister-Müller-Platz eingelassenen Wasserbecken ermöglichen es BesucherInnen am Westende des Walls durch den alten Hafen zu spazieren und umringen ihn mit dem überdimensionalen plattdeutschen Schriftzug „Oll Haven Auerk", dessen Buchstaben knapp unter dem Wasserspiegel liegen. Mit feinfühligen Zitaten des historischen Stadtbildes durch zeitgemäße freiraumplanerische Mittel wurde Aurich so ein wichtiger Teil seiner geschichtlichen Identität zurückgegeben und ein heute viel genutzter Begegnungs- und Erholungsraum geschaffen.

Die Rasenfläche überspannt das gesamte Planungsgebiet und wird nur von dem Zentralplatz unterbrochen.

POLA LANDSCHAFTSARCHITEKTEN

Das Denkmal für den alten Auricher Hafen am Westende und die zentralen Springbrunnen machen Wasser zu einem Leitdetail.

FRIEDENSPLATZ

ROSSMARKT UND FRIEDENSPLATZ, WORBIS
2010 & 2013

Wenige Wahrzeichen einer Stadt können so identitätsstiftend wirken, wie ein historischer Kern. Die Altstadt vermittelt wortlos die Geschichte eines Ortes und bietet das Potenzial, auch in der Gegenwart der Mittelpunkt des öffentlichen Lebens und ein Platz der Begegnung zu sein. Doch auch wenn es gerade die Spuren der Zeit sind, welche die Persönlichkeit einer Stadt ausmachen, bemerkt jeder Anwohner und Besucher intuitiv, wenn einem alten Stadtkern die städtebauliche Erneuerung und Wertschätzung fehlt. Die Stadt Worbis hat ihrer Altstadt diese Wertschätzung entgegengebracht, indem sie den zentralen Plätzen ein neues und trotzdem zeitloses Gewand bescherte. Friedensplatz und Rossmarkt stellen jetzt mit einem eleganten Reihenpflaster Bezug zueinander her und bieten den gestalterischen Rahmen für das historische Rentamt, die Gülden Creutz- und die St. Nikolaus-

Kirche. Der Friedensplatz geht durch eine großzügige Stufen- und Rampenanlage eine enge Beziehung mit dem Kirchhof St. Nikolaus ein. Dieser erhielt seinerseits mit einer dezenten Metalleinfassung einen Ersatz für seine alte Mauer und wirkt nun einladender als zuvor. Mit verbesserten Blickbeziehungen und von Kirschbäumen umringt, stellt die Barockkirche so einen architektonischen Höhepunkt des Stadtbildes dar. Die Lange Straße als zentrale Achse verbindet den Friedensplatz mit dem Rossmarkt. Reduzierte Fahrbahnen sind in den übergreifenden Pflasterbelag integriert und bilden das Herzstück der Stadterschließung. Der Rossmarkt fungiert als Gelenk zwischen den beiden Kirchen und dem Rentamt, dessen baumbestandener Vorhof durch das Reihenpflaster vom übrigen Platz abgehoben wird. Ebenfalls durch Variation im Belag werden die Strukturen der alten Burgmauer

nachgezeichnet. Zusammen mit dem wieder freigelegten Burggraben stellen sie einen Verweis auf die Stadtgeschichte dar; wie auch der neugeschaffene Krengljägerbrunnen, der im Schnittpunkt der historischen Gebäude und der beiden Kirchen als zentrales Leitdetail des Platzes positioniert wurde. Die eindrucksvollen Gebäude der Altstadt konnten durch die stilvollen Neuarrangements der Freiflächen wieder angemessen in Szene gesetzt werden und bilden nun die charaktervolle Kulisse des Worbiser Stadtlebens. Es wurde Raum für öffentliche Veranstaltungen, Märkte und Feste geschaffen, der durch gute Ausleuchtung auch bei Dunkelheit vielfältig nutzbar ist.

Der Krengljägerbrunnen hat im Zuge der Umgestaltung ein neues Gewand erhalten und nimmt im Entwurf eine zenrale Position ein.

Die geschaffenen Freiflächen bilden einen ruhigen Teppich, welcher die historischen Gebäude stilvoll inszeniert.

Friedensplatz und Rossmarkt wurden durch ein einheitliches
Reihenpflaster zum stilprägenden Rahmen der Altstadt.

Die Lichtarrangements tauchen das Stadtbild in eine stimmungsvolle Atmosphäre und qualifizieren die Plätze auch für nächtliche Veranstaltungen.

STEFAN BERNARD
LANDSCHAFTSARCHITEKTEN

SPITTELMARKT

BERLIN
2012–2013

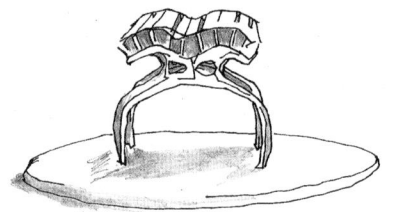

Bei dem Spittelmarkt in Berlin Mitte handelt es sich zweifellos um einen urbanen Raum, der für Stadtplaner einige Schwierigkeiten bereit hält. Die Gründe hierfür liegen in seiner bewegten Entwicklungsgeschichte: Nach der vollständigen Zerstörung der ursprünglich dichten Bebauung im Zweiten Weltkrieg wurde das zu Ostberlin zugehörige Gebiet durch die achtspurige Leipziger Straße und Hochhausbebauung geprägt. Die auch aktuell noch komplexe Verkehrssituation war mitverantwortlich dafür, dass die nach dem Mauerfall geplante Umgestaltung des Areals bis heute nicht umgesetzt wurde. Um den Standort dennoch auch in absehbarer Zukunft aufwerten zu können und dem Spittelmarkt wieder Leben und Identität zu verleihen, entschied 2010 die Berliner Senatsverwaltung, eine temporäre Lösung anzustreben, die mit überschauba-

rem Aufwand die Aufenthaltsqualität des Ortes anzuheben vermag. Die beauftragten Landschaftsarchitekten Stefan Bernard und Philipp Sattler führten einen intensiven Dialog mit den Anwohnern und Anliegern, wodurch eine große Akzeptanz für das Projekt erreicht werden konnte. In den Gesprächen wurden zwei essentielle Wünsche deutlich: Zum einen sollte zugunsten des Vogel- und Lärmschutzes möglichst viel Grün erhalten werden, zum anderen wurde das Bedürfnis nach bequemen und altersgerechten Sitzmöglichkeiten geäußert.

Die Planer verzichteten im Einklang mit den Erkenntnissen aus dem Bürgerdialog auf eine allzu avantgardistische Gestaltung und setzten auf die klassische Parkbank als „Archetyp des Ruhens". Der erste Bauabschnitt sah 33 frischgrüne Holzbänke in differenzierten Anordnungen vor, die den

heterogenen Stadtraum leitmotivisch durchziehen und nun auch an bisher unwirtlichen Plätzen zum Verweilen einladen. Im zweiten Bauabschnitt wurden auch die nördlichen Teile des zerstückelten Spittelmarkts an das Gestaltungskonzept angeschlossen. Das Spiel mit unterschiedlichen Anordnungen der Sitzmöbel wurde weitergeführt und durch frischgrüne Hocker sowie Hockerbänke ergänzt. Darüber hinaus wurden dem Wunsch der Bürger entsprechend punktuelle Blumenpflanzungen integriert. Dafür wurden Schäden in der bestehenden Asphaltfläche kreisförmig ausgeschnitten und durch Astilben-Pflanzungen ersetzt. Als Frühblüher sind Tulpen und Krokusse vertreten, welche die aufgewerteten Grünflächen akzentuieren und Farbe in die urbane Kulisse bringen.

Auch der nördliche Teil des Spittelmarkts wurde durch das Aufstellen hellgrüner Hocker thematisch an das Areal angeschlossen.

*Schäden im Asphalt wurden kreisförmig
ausgeschnitten und als Beete umfunktioniert.*

Astilben, Tulpen und Krokusse kontrastieren das durch Rasenflächen und Sitzelemente dominierende Grün.

Die klassische Parkbank als gestalterisches Leitdetail orientiert sich an den Wünschen der Anwohner, welche in die Planung miteinbezogen wurden.

BITSCHER PLATZ

LEBACH
2009-2014

Nach der Verlegung des ehemaligen Busbahnhofs konnte der Bitscher Platz in der südlichen Lebacher Innenstadt für neue Nutzungsmöglichkeiten erschlossen und umgestaltet werden. Die heterogene städtebauliche Umgebung wird jetzt mittels einer durchgehenden Rahmung aus Gleditschien gefiltert und eine konsistente Platzidentität geschaffen. Der Aufteilung aller programmatischen Komponenten wie Baumpflanzungen, Parkplätzen sowie Sitz- und Spielelementen liegt das für PKW-Stellplätze gebräuchliche Raster zugrunde, aus welchem sich ein Mosaik aus Modulen ergibt, die sich durch Nutzung und Farbe voneinander absetzen.

Das Grundmaterial des Platzbelags bilden farbige Betonplatten, von denen jeweils drei ein Modul bilden. Auch die Baumscheiben variieren farblich durch die Verwendung unterschiedlicher Gesteinsarten als Deckmaterial. Ein weiteres Modul aus Naturstein wird von einer seichten Wasserdecke überspannt und unterstützt die ruhige Atmosphäre unter dem durchgängigen Laubdach.

CLUB L94 LANDSCHAFTSARCHITEKTEN GMBH

TONI AREAL

DACHGARTEN, ZÜRICH
2014

Das Toni Areal, ein ehemaliges Industriequartier in Zürich-West, ist seit 2014 der neue Standort eines Universitäts-Campus', der Teile der Zürcher Hochschule für angewandte Wissenschaften und die Hochschule der Künste beherbergt. Um die geringen Erholungsmöglichkeiten im direkten Umfeld des Geländes auszubauen, wurde bei dem Neubau der Kunst-Hochschule entschieden, die Dachfläche für einen 2.600 m² großen Dachgarten zur Verfügung zu stellen.

In 30 m Höhe wird die Gartenanlage von einer befestigten Bodenfläche umfasst, die den Übergang von urbanem Industrieareal zur Bepflanzung markiert und als Terrasse nutzbar ist. Der Anspruch des planenden Büros war es, schon ab dem letzten Bautag einen nutzbaren Garten präsentieren zu können, der nicht erst lange Wachstumsphasen benötigt. Erreicht wurde dieses Ziel durch das zentrale Gestaltungselement: Holzkisten, in denen Küchenkräuter, geeignete Stauden und Kleingehölze vorkultiviert werden konnten und so als bereits vollständig bepflanzte Beetelemente vor Ort nur noch passend arrangiert werden mussten.

Das Ergebnis ist ein sehr natürlich anmutender, wilder Garten, durch den mit Gräsern bedeckte Wege führen. Zwischen den belaubten Ästen zeichnen sich die Silhouetten der umliegenden Wirtschaftsbebauung ab und schaffen einen reizvollen Kontrast zu der grünen Idylle. Die PlanerInnen verstehen die eigenständige Weiterentwicklung der Anlage als wesentlichen Teil des gestalterischen Programms: Die hölzernen Pflanzkästen, die sich auf der Dachfläche zu einer dynamischen Hügellandschaft vereinen, sind für den Verfall vorgesehen und sollen so in Zukunft ihr jetzt pixelhaft anmutendes Raster zugunsten einer begrenzungslosen Beetstruktur aufgeben.

Die grüne Insel auf dem Hochschuldach erfährt nicht nur durch universitätsinternes Publikum reichlich Zuspruch, sondern ist ebenso bei Besuchern der umliegenden Museen, Gastronomien und Forschungsinstitute beliebt.

STUDIO VULKAN LANDSCHAFTSARCHITEKTUR

STUDIO VULKAN LANDSCHAFTSARCHITEKTUR

Die selbstständige Entwicklung der Pflanzungen schafft einen naturorientierten Kontrast zur Großstadtkulisse.

Vorkultivierte Kisten mit Stauden, Küchenkräutern und Klein-
gehölzen in der Gärtnerei. Zwei Jahre vor Baufertigstellung.

Durch den allmählichen Verfall der hölzernen Pflanzkästen soll sich die pixelhafte Struktur langfristig in fließenden Übergängen auflösen.

GRÜNE FUGE

ZUKUNFT KILLESBERG, STUTTGART
2012

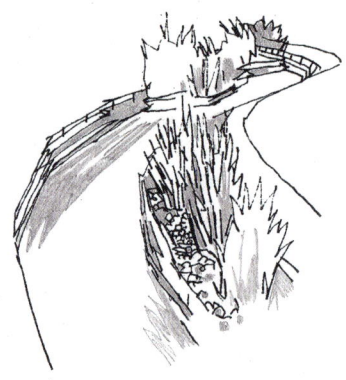

Wie der Name schon sagt, fügt sich die neue Freifläche als weiterer Teil in das bereits aus acht Grünanlagen bestehende „grüne U" Stuttgarts ein und stellt in direkter landschaftlicher Nachbarschaft die Erweiterung des Höhenparks Killesberg dar. Die Grüne Fuge bildet außerdem den Auftakt für ein neues Stadtquartier auf der Fläche eines ehemaligen Messegeländes. Hier entstehen Erweiterungen der Stuttgarter Kunstakademie, 200 Wohnungen sowie Niederlassungen von verschiedenen Unternehmen aus dem Bereich der Kreativwirtschaft.

Im Zentrum des Planungskonzepts stehen ein innovativer Umgang mit der Topographie des Parks und das Spiel mit den Seherwartungen seiner Besucher. Rasenkissen mit einer Höhe von bis zu 95 cm überragen helle Wege, welche sich netzartig durch die Grünfläche schlängeln und schaffen so

ungewohnte Blickbeziehungen: Spaziergänger sind über die Grashügel hinweg meist nur halb zu sehen und lassen den Betrachter so permanent die besondere Oberflächenstruktur neu erleben. Der gestalterische Leitgedanke erklärt sich bei einem Blick auf die Geschichte der Anlage, die früher als Steinbruch des populären „Stuttgarter Werksteins" fungierte. Der Tagebau prägte das Gelände mit einer schroffen und entrückt anmutenden Topographie in der Farbe des roten Sandsteins, an die noch eine Steilwand am Rande des Areals erinnert. Die Höhenunterschiede verweisen weiterhin auf die ursprüngliche Bedeutung des Quartiers.

Die Zukunft des Killesbergs soll nun ganz im Zeichen eines ökologischen Umgangs mit Landschaft und Natur stehen: Die kleinklimatischen Bedingungen der Rasenkissen schaffen neue Lebensräume für Flora und Fauna, und die anfallenden

Dachwasser der angrenzenden Bebauung werden über einen Wasserlauf in einen neu angelegten See geleitet und so wieder dem Wasserkreislauf zugeführt. Der Bach begleitet einen der Hauptwege, neben dem er über gepflasterte Stufen plätschert, und unterstreicht so das naturnahe Flair des Parks visuell wie akustisch. In Richtung der umgebenden Wohnbebauung und der „Roten Wand" geht die Rasenfläche in Haine über, die mit Stauden, Sträuchern, Gräsern sowie heimischen Laub- und Obstbäumen bepflanzt wurden. Die Grashügel selbst beheimaten außerdem verschiedene Arten von Wildblumen, welche das dominierende Grün je nach Jahreszeit mit farbigen Blütenteppichen ergänzen.

Die grünen Rasenkissen stellen eine harmonische Homage an die ursprünglich schroffe Topographie des Tagebaugeländes dar.

Ruheplätze in Form von komfortablen Holzbänken sind in das topographische Konzept integriert.

Die Dachwasser der umliegenden Bebauung werden offen durch den Park in einen neu angelegten See geleitet.

PLÄTZE AM DORTMUNDER U

DORTMUND
2010

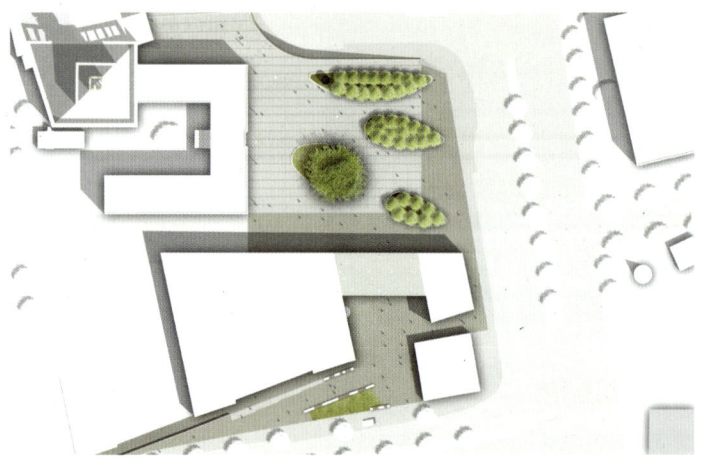

Das seit der Werksverlegung wenig genutzte ehemalige Gelände der Dortmunder Union-Brauerei wurde in den vergangenen Jahren zugunsten eines vielseitigen Kulturprogramms im und um den U-Turm einer städtebaulichen Umgestaltung unterzogen. Zur besseren Anbindung an das Stadtzentrum wurde in diesem Zuge die Verkehrsführung der Brinkhoffstraße und der Rheinischen Straße verändert und die bisher an dieser Stelle oberirdische Stadtbahn in den Untergrund verlegt. Vor dem Dortmunder U entstand so eine großzügige Freifläche, die einer konsistenten landschaftsarchitektonischen Lösung bedurfte.

Der Entwurf gliedert das Areal in die „Leonie Reygers-Terrasse" im Norden und den „Park der Partnerstädte" im Südwesten. Die Terrasse übernimmt die eigentliche Erschließung des Hochhauses und bleibt zugunsten von Veranstaltungen und anderer kultureller Nutzungen frei von Bepflanzungen und wird ausschließlich durch den

Belag und stählerne Sitzmöblierung strukturiert. Der „Park der Partnerstädte" fungiert als Vermittler zwischen Hauptbahnhof, City und dem Zentrum für Kunst und Kreativität und bietet attraktive Aufenthaltsmöglichkeiten auf vier eingefassten Rasenflächen, die sich teils konvex, teils konkav aus dem Boden entwickeln. Junge Gleditschien und eine Bestandsplatane liefern Schutz vor dem Sonnenlicht und bilden ein natürliches Gegengewicht zu der industriellen Atmosphäre des städtebaulichen Kontextes. Bei der Herstellung der Sitz- und Stützmauern fand säurebehandelter und wasserabweisender Sichtbeton Verwendung.

Die nächtliche Beleuchtung des Platzes wird von verschiedenen Leuchtentypen übernommen. Um die Bepflanzungen ordnen sich leicht gebogene Laternen mit blütenähnlichen Köpfen an, während die restliche Fläche von eleganten modularen Leuchtstelen erhellt wird. Bodenstrahle-

setzen einen besonderen Akzent auf das Blattwerk der Platane.

Der Belag der Plätze ist nach der Gebäudeachse des Dortmunder Us ausgerichtet und setzt sich aus Ortbeton- und Granitbändern zusammen, die durch 3cm breite Edelstahlschienen voneinander abgesetzt sind. Eine feine Besenstrichstruktur rundet den Boden haptisch und optisch ab und schafft eine ansprechende Oberflächenstruktur. Bemerkenswert ist die Oberschicht der Ortbetonplatten, die aus photokatalytisch aktivem Zement besteht und so bei Sonneneinstrahlung Stickstoffoxide aus der Luft filtert. Der Werkstoff wurde in Dortmund hergestellt und soll für eine spürbare Verbesserung der Luftqualität sorgen – ein gleichermaßen innovatives wie symbolhaftes Statement einer Stadt, die für ihre lange industrielle Tradition bekannt ist und in der Vergangenheit durch Kokereien und Steinkohlebau lange Probleme mit ihrer Atemluft hatte.

Junge Gleditschien und eine Bestandsplatane sorgen für Balance zwischen Natur und Industrieatmosphäre.

Die oberste Schicht des verwendeten Ortbetons filtert Stickstoff-oxide aus der Luft und verbessert so aktiv die Aufenthaltsqualität.

SECHSELÄUTENPLATZ

ZÜRICH
2011-2014

Nachdem die Fläche zwischen Opernhaus, Theaterstraße und dem Utoquai am Zürichsee lange vornehmlich als Parkplatz genutzt worden war, konnte nach dem Beschluss, ein unterirdisches Parkhaus zu bauen, einer der größten Stadtplätze Europas geschaffen werden. Aufgrund der sich jährlich wiederholenden Nutzung durch das traditionelle Stadtfest „Sechseläuten" und den „Zirkus Knie" war es allerdings notwendig, den Entwurf auf die Anlässe abzustimmen. Die Planer entschieden sich, die daraus resultierenden gestalterischen Einschränkung zur Tugend zu erheben und die Faktoren Leere und Weite zu den prägenden Leitmotiven des Platzes zu machen. Je sparsamer der zentrale Raum selbst bespielt wurde, desto intensiver wurde der Belag des Platzes in den Fokus genommen. Als Material wurde Valser Quarzit gewählt, der vom Steinbruch aus über den Großteil der Strecke per Bahn transportiert

werden konnte. Angelehnt an die Bühne des Opernhauses wurde der Naturstein in Parkettriemen mit einer freien Länge zwischen 50 und 130 cm und in 10 und 13 cm Breite verlegt, die jetzt das charakteristische, filigrane Raster der Fläche prägen. Im Zentrum unterbricht ein Kreis aus unbehandeltem Quarzit diese Optik und markiert so den Ort, an dem zum Sechseläutenfest jährlich eine große Strohpuppe verbrannt wird. Rings um die Feuerstelle zeigen 26 Bronze-Plaketten die Wappen der Zürcher Zünfte und stellen so ebenfalls einen Verweis zur Stadtgeschichte her.

Zwei lang gestreckte Holzbänke in Richtung des Utoquais und freistehende Stühle auf fünf Bauminseln sorgen für ausreichend Sitzgelegenheiten. Bepflanzt sind die Kiesinseln mit 21 Roteichen und 35 Tulpenbäumen, welche den Platz im Herbst mit goldgelbem und feuerrotem Laub eindrucksvoll in Farbe setzen.

Der Natursteinboden ist in Form von Parkettriemen verlegt und verweist so auf die Bühne der Oper.

ANKE GRUNDMANN
LANDSCHAFTSARCHITEKTEN

STADTPARK EUTRITZSCH

LEIPZIG
2008

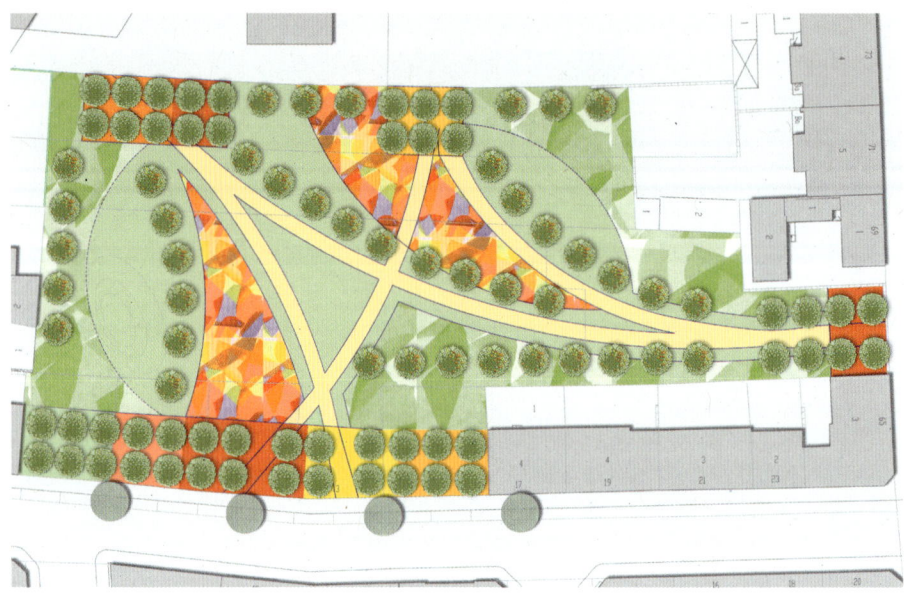

Im Rahmen des Programms „Städtebauliche Erneuerung Stadtumbau Ost – Aufwertung von Stadtteilen" des Freistaats Sachsen konnte im gründerzeitlich geprägten Stadtteil Eutritzsch eine Grünfläche entstehen, die das Viertel um einen weiteren öffentlichen Raum zur Begegnung und Naherholung bereichert. Eine Besonderheit an diesem Projekt ist, dass es sich bei dem knapp 6.000 m² großen Planungsareal um Privatgrundstücke fünf einzelner Eigentümer handelt, welche die Fläche zur öffentlichen Nutzung zur Verfügung stellen. Um den notwendigen Platz zu schaffen, waren umfangreiche Abbrucharbeiten notwendig. Hierbei konnten anfallende Aushubmassen zur Geländemodellierung weiterverwendet und so die Kosten für Abtransport und Entsorgung eingespart werden. Für die Gestaltung wurde sich bewusst für eine transparente und übersichtliche Grundstruktur

entschieden, die soziale Kontrolle durch die Eigentümer ermöglicht und die Pflegekosten in einem überschaubaren Rahmen hält.

Zugunsten eines geschlossenen Planungsraums akzentuieren kompakte Baumblöcke die Straßenraumkanten und übernehmen so die Begrenzungen zu den anschließenden Privatgrundstücken. Der so entstandene Innenraum ist durch drei primäre Gestaltungselemente strukturiert: extensive Wiesenflächen und intensive Vegetationsflächen sowie prägnante Wegverbindungen, welche die Bepflanzungsflächen in großzügigen geschwungenen Diagonalen durchziehen. Abwechslungsreiche Bepflanzungen stellen in jeder Jahreszeit ein anderes Gewächs in den Vordergrund. Die Beete sind im Frühjahr mit großzügigen Tulpen- und Narzissenflächen durchsetzt, im Sommer werden sie von Bodendeckerrosen und im Herbst von blühenden Wiesenmi-

schungen dominiert. Wintergrüne Gehölze und Solitärsträucher sorgen auch in der kalten Jahreszeit für eine lebendige Gesamtwirkung. Den intensiven Vegetationsflächen liegt die Idee zweier Füllhörner zugrunde, die sich in Richtung der beiden Längsseiten des Geländes öffnen. Unterschiedlich große Natursteinblöcke begrenzen die beiden Blütenfächer und bieten originale Sitzmöglichkeiten. Durch die geschwungene und dennoch direkte Wegführung, seine üppige Bepflanzung und die großzügigen Wiesenflächen fungiert der Park so zum einen als Durchgangszone zwischen den umliegenden Funktionen Wohnen und Einkaufen sowie den angrenzenden Verkehrsräumen und zum anderen als attraktive Naherholungsmöglichkeit, die den Stadtteil aufwertet und seine Gemeinschaft fördert.

ANKE GRUNDMANN LANDSCHAFTSARCHITEKTEN

*Geschwungene Wegverbindungen ordnen Rasen-
flächen und Beete in eine offene Parkstruktur.*

*Blumen, Gräser und blühende Wiesenmischungen
setzen in jeder Jahreszeit neue Farbakzente.*

Baumpflanzungen definieren die Parkkanten zur Straße und zu den angrenzenden Privatgrundstücken.

ANKE GRUNDMANN LANDSCHAFTSARCHITEKTEN

Die Parkfläche befindet sich auf fünf Privatgrundstücken, die von den Eigentümern der Allgemeinheit zur Verfügung gestellt wurden.

VERLAGSNEUBAU »DER SPIEGEL«

ERICUSSPITZE, HAMBURG
2012–2013

Der Vorplatz des neuen Verlagsgebäudes befindet sich mit dem HafenCity-Quartier Brooktorkai/Ericus auf historisch bedeutsamen Boden. Bis ins 19. Jahrhundert stand hier die Ericus-Bastion, eine von 22 Verteidigungsstellen der Stadtmauer, auf welche der Entwurf direkt Bezug nimmt; so orientiert sich die Materialwahl des Platzes, wie auch des Gebäudesockels an dem stadtgeschichtlichen Erbe.

Der öffentliche Raum der Promenade um die Ericusspitze herum wird durch eine Geh- und Sitzstufenformation dezent von der halböffentlichen Fläche des Gebäudevorplatzes abgesetzt. Von der höheren Ebene werden der Verlag und das Ericus-Contor sowie eine ebenerdige Gastronomie erschlossen.

Ein belagsbündiger Wasserspiegel kontrastiert die mosaikhafte Bodenstruktur, indem er Spiegelungen von Passanten, Sonnenlicht und Baumbepflanzung einfängt. Gleichzeitig separiert er die Außenbestuhlung der Gaststätte von der übrigen Fläche und schafft so eine zurückhaltende Strukturierung des Platzes, welche die direkten Blickbeziehungen aufrecht erhält.

Im Kontext der weiter wachsenden HafenCity gewinnt das Quartier an seiner Spitze einen charakteristischen neuen Freiraum, während der Standpunkt des Nachrichten-Magazins gleichzeitig um eine identitätsstiftende Erschließungsfläche bereichert wird.

Der ebenerdige Wasserspiegel strukturiert den Platz dezent und bildet einen ruhigen Kontrast zum kleinteiligen Bodenbelag.

Die Sitzstufenformation markiert den Übergang zwischen öffentlichem und halböffentlichem Raum.

ZENTRALPLATZ

KOBLENZ
2011-2013

Bei dem Zentralplatz Koblenz handelt es sich um ein städtebauliches Element des 20. Jahrhunderts und somit um eine Freifläche, die nicht aus der historischen Bebauungsstruktur hervorgegangen ist. Nach dem Zweiten Weltkrieg, durch den der hier zuvor vertretene dichte Fachwerkbestand zerstört worden war, wurde in den 1960er Jahren im Zuge des Wiederaufbaus zugunsten eines öffentlichen Platzes entschieden. Diesem fiel in der Folge auch der letzte verbliebene Teil der mittelalterlichen Stadtmauer zum Opfer.

Im Jahr 2007 begann eine weitere Erneuerung des Platzes durch die Errichtung des Einkaufszentrums Forum Mittelrhein und des Kulturzentrums Confluentes durch das Büro Benthem Crouwel. Mit der Gestaltung der Freiflächen wurde KuBuS Freiraumplanung betraut, die ihren Entwurf an der stilistischen Leitidee der ArchitektInnen orientierten. Wie „vom Wasser umflossene und durchströmte Steine" sollten die Gebäude den Grundriss durchwirken und

so Fußgänger- und Blickbeziehungen zu der anliegenden Koblenzer Altstadt, dem Altlöhrtor und der Pfuhlgasse ermöglichen.

Die Freiraumplanung sah ebenfalls mit einer ca. 390 m² großen Grüninsel auf der zentralen Platzfläche einen weiteren „Stein in der Strömung" vor, der eine leicht terrassierte Grünanlage mit einer umlaufenden Sitzmauer einfasst und so einen Filter zwischen Straßenraum und Zentralplatz bildet.

Die futuristisch anmutenden Foren-Gebäude werden auf diese Weise mit einer stadtklimatisch wirksamen Bepflanzung ergänzt, die das natürliche Pendant zur künstlichen Weinlaub-Fassade des Einkaufszentrums bildet. Explizit wird die Wasserthematik in einem ebenerdigen Wasserspiel, das neben der grünen Insel einen zweiten ruhigen gestalterischen Pol bildet und von den Passanten als Ort des Verweilens und der Sinneserfahrung genutzt wird. Zwischen den Baukörpern öffnet sich eine großzügige Freifläche, die für große

Veranstaltungen oder Märkte zur Verfügung steht und bis zu 2.500 Besucher aufnehmen soll; in solchen Fällen kann durch Abschalten des Wasserspiels auch dessen Fläche ohne Aufwand mitbenutzt werden. Ein Teil des Areals wird außerdem der ansässigen Gastronomie und für Fahrradstellplätze bereit gestellt.

Einen zweiten Platzraum bildet der Trichterplatz, der einen wichtigen Umlenkpunkt und Durchgangsbereich im Stadtgefüge darstellt und durch seine Ausstattung mit Stadtspielelementen und Sitzbänken vielfältige Nutzungs- und Aufenthaltsmöglichkeiten bietet. Mehrstämmige malerische Großsträucher bilden einen wohltuenden Kontrast zur umliegenden Architektur. Die Ausleuchtung erfolgt indirekt durch die Illumination der Baumkronen und die wenigen hohen Lichtstelen und trägt in den Abendstunden zu einer ruhigen urbanen Atmosphäre bei.

Die künstliche Weinlaubfassade stellt den Mittler zwischen anorganischer Architektur und organischen Freiraumelementen dar.

Die Grüninsel auf der zentralen Fläche fungiert als Filter zwischen Straße und Platz.

ST. URBANUS
KIRCHPLATZ

GELSENKIRCHEN
2011

Der Kirchplatz der Propsteikirche St. Urbanus übernimmt im Gesamtinnenstadtkonzept der Buerer Altstadt eine zentrale Rolle: Er markiert den Endpunkt der Hochstraße und der parallel zu dieser verlaufenden Ostachse und schafft als verbindendes Element zwischen beiden eine Art Rundlauf innerhalb des Buerer Zentrums. Die Randlagen der nördlichen Innenstadt konnten so wieder mehr in das Stadtbild miteinbezogen und auch als Standort für Geschäfte und Gastronomie aufgewertet werden.

Neben seiner repräsentativen Funktion als Domplatte sollte das neu gestaltete Areal auch für öffentliche Veranstaltungen und Märkte zur Verfügung stehen. Es entstand eine vielfältig nutzbare Fläche mit eleganter Klarheit, welche den Kirchenbau angemessen in Szene zu setzen vermag, ohne den Vorplatz stark von seiner Umgebung abzusetzen. Erzielt wird dieser Effekt durch den hellen, mosaikhaften Boden, der sich von den Mauern der Kirche bis zu den umliegenden Gebäudekanten erstreckt und eine homogene Gesamtwirkung schafft. Die einzige Unterbrechung im Pflaster erzeugt ein schmales Sichtbetonband, das mit bis zu drei Stufen den leichten Höhenunterschied zwischen früherem Kirchhof und Marktplatz ausgleicht und auch die Entwässerung übernimmt. Die Domplatte wird auf diese Weise deutlich von der übrigen Fläche abge

hoben und ist trotzdem Teil des gesamten Platzraums. Das Areal wird strukturiert, ohne dadurch in seinen Nutzungsmöglichkeiten eingeschränkt zu werden und bleibt gleichzeitig überall barrierefrei erreichbar.

Im Inneren des Rings wird durch Sitzelemente und Baumpflanzungen eine ruhige Atmosphäre geschaffen, die ein Gegengewicht zum Platzrand darstellt, der von Außengastronomien und Einzelhandel belebt wird. In den Bänken sind außerdem Wasser- und Stromanschlüsse untergebracht, um ohne Aufwand Märkte und Feste versorgen zu können. Für derartige Veranstaltungen bietet besonders die großzügige, dreieckige Fläche im Norden des Kirchplatzes ausreichend Raum, die auch von einem zentralen, bodengleichen Wasserspiel nicht unterbrochen wird.

Gemäß den Erwartungen von Stadt und Planern konnte die Anbindung des Areals an die Buerer Altstadt seit seiner Neugestaltung deutlich verbessert werden. Die zuvor verzeichneten Leerstände von Immobilien rund um die St. Urbanus Kirche sind zurückgegangen, die Besucherzahlen gestiegen und seit 2014 ist auch ein wöchentlicher Feierabendmarkt zum festen Bestandteil von Gelsenkirchen-Buer geworden.

WBP LANDSCHAFTSARCHITEKTEN GMBH

Die Domplatte ist durch eine schmale Sichtbetonkante vom umliegenden Platz abgesetzt.

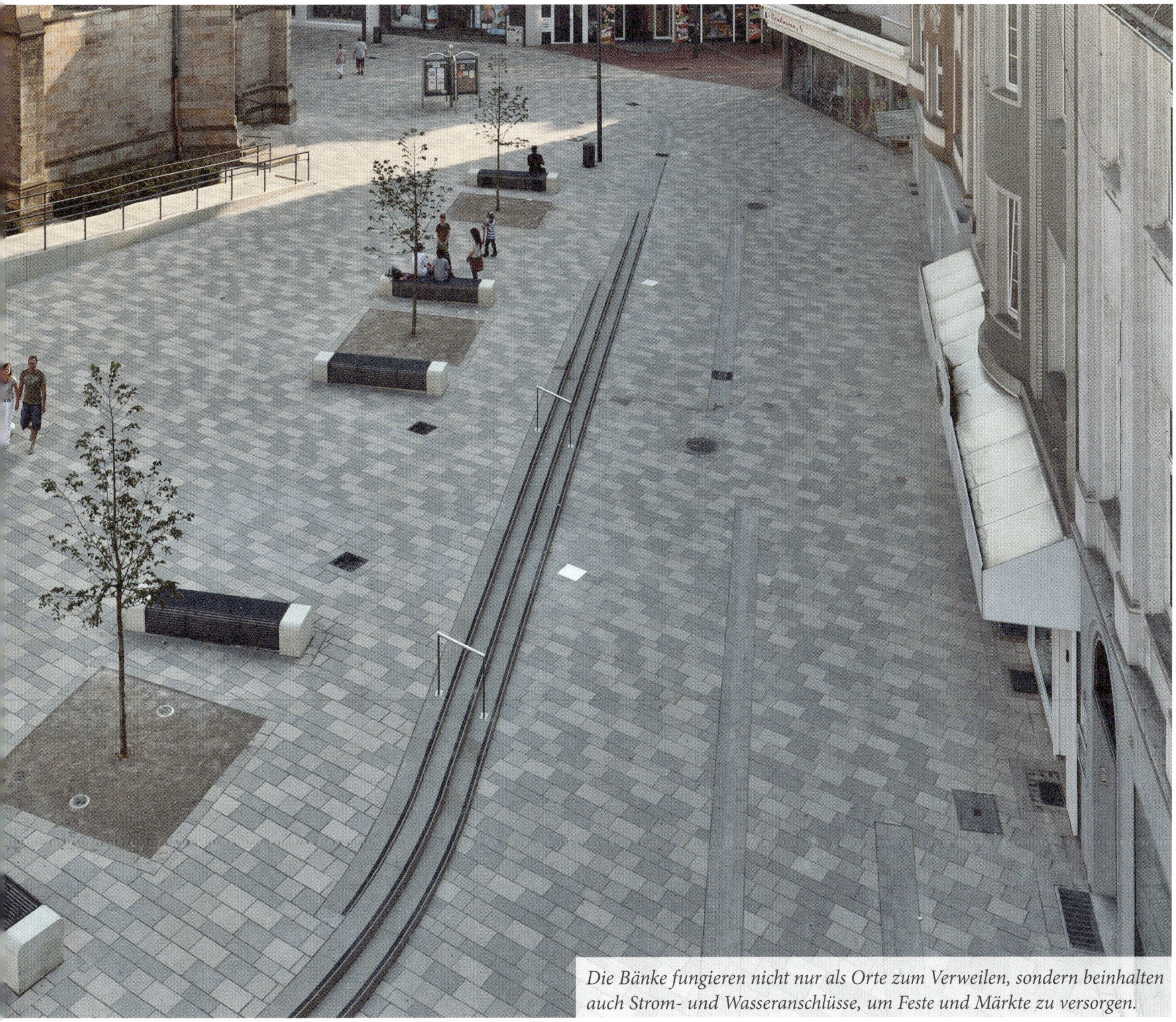

Die Bänke fungieren nicht nur als Orte zum Verweilen, sondern beinhalten auch Strom- und Wasseranschlüsse, um Feste und Märkte zu versorgen.

SCHILDEPARK

BAD HERSFELD
2012-2015

Dass direkt im Zentrum einer Stadt ein 5,5 Hektar großes Gelände frei wird und für jede Art stadtplanerischer Projekte zur Verfügung steht, ist ein eher seltenes Ereignis und birgt unzählige Chancen für die Entwicklung eines Standorts. In der Kurstadt Bad Hersfeld ist dieser Fall 2008 eingetreten, als die Babcock GmbH ihr ehemaliges Industrieareal zugunsten einer neuen Werkstätte im Bad Hersfelder Außengebiet aufgab. Bei der Entscheidung über die Zukunft des neuen Baugrunds wurde großer Wert auf die Beteiligung der Bürger gelegt und so eine für moderne Stadtentwicklung untypische Vorgehensweise möglich gemacht: Anstelle einer den Großteil der Fläche überspannenden Bebauung sollte eine moderne Freiraumplanung in die Tat umgesetzt und die angrenzenden ehema-

ligen Industriegebäude für Kultur- und Bildungseinrichtungen zur Verfügung gestellt werden. Identitätsprägend für das umgestaltete Gelände ist die Geis, ein Fluss, der bisher vorwiegend unterirdisch unter dem Stadtzentrum verlief und jetzt freigelegt werden konnte. Das Ufer wurde zum größeren Teil begrünt und durch Einsatz von Blockstein-Elementen in einen naturnahen Zustand zurückgebracht. Ein Stück weiter die Geis entlang führen Terrassen und Freitreppen hinauf zum Zentralplatz, der von einem quadratischen Wasserbecken mit integrierter Fontäne geprägt ist. Auf diesen münden die geraden, hell belegten Wege, die diagonal zueinander versetzt den Park durchziehen und dem Ensemble von Beeten und Rasenflächen einen kunstvollen modernen Rahmen schaffen. Neben seinem

umfangreichen Angebot zum Erholen und Spazieren ist das Areal auch besonders auf die Bedürfnisse der benachbarten Schulen und Kindertagesstätten ausgerichtet. Bereiche um den flachen Bachlauf wurden als „offenes Klassenzimmer" konzipiert und auch ein großzügiger Sand- und Wasserspielplatz nimmt das Hauptthema „Wasser" wieder auf. Das Projekt Schildepark hat es so geschafft, mit einer abwechslungsreichen Raumnutzung und dem wieder freigelegten Stadtbach einen Beitrag sowohl zur ökologischen Aufwertung als auch zum Hochwassermanagement des Standorts zu leisten. 2014 wurde dieses Konzept mit einer Auszeichnung im Rahmen des Deutschen Städtebaupreises prämiert.

Ohne das standorttypische Flair eines Kurparks aufzuge-
ben, besticht der Park mit modernen Pflanzungskonzepten.

Die versetzte, diagonale Wegführung bildet die Grundstruktur der Platzgestaltung.

Ein Sand- und Wasserspielplatz erweitert das Betätigungsangebot für Kinder.

Das neu gestaltete Geis-Ufer lädt zum Ausruhen, Spielen und Erfrischen ein.

SKATESKULPTUR ALLERPARK

WOLFSBURG
2015

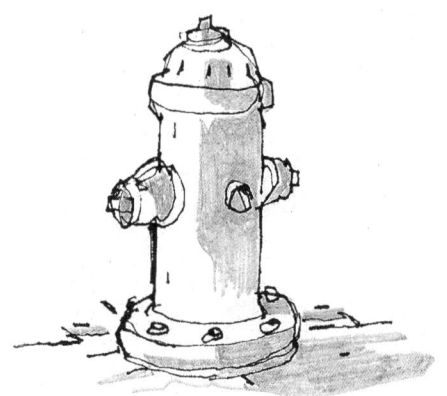

Wie viele landschaftsarchitektonische Innovationen sind auch die Anlagen des Wolfsburger Allerparks 2004 durch eine Landesgartenschau entstanden. Bereits zu diesem Zeitpunkt war eine Skateskulptur Teil des Entwurfs und wurde nach ihrer Fertigstellung intensiv frequentiert. Nach zehnjähriger Nutzung waren allerdings einige bauliche Mängel entstanden, welche die Sicherheit und die sportliche Funktionalität stark einschränkten. Die Stadt Wolfsburg betraute mit der Erneuerung der Anlage das Büro DSGN concepts aus Münster, das zu diesem Zeitpunkt bereits einige anspruchsvolle Skateparks realisiert hatte und teamintern selbst viel Erfahrung im Rollsport verzeichnen kann.

In Linienführung, Farbe und Formsprache orientiert sich der Neuentwurf an der prägenden Gestaltung des Allerparks. Zwei aufgehende und eine abgesenkte Skulptur decken alle Aspekte der verschiedenen Stile der Skatekultur ab: Die aufgehenden Bauten bilden typische Elemente des urbanen Raums nach, wie Stufen, Steigungen, Mauern und Geländer und der „Flow-Bowl" bietet die Möglichkeit zum klassischen Poolskaten. Die topografischen Gegebenheiten waren hierfür idealerweise bereits vor der Planung gegeben und der Pool konnte so an der Stelle eines früheren abgängigen Senkgartens realisiert werden.

Neben Skatern, BMXern und Inlinern wird die Anlage auch von WCMX-Fahrern (Wheelchair-Skatern) genutzt und war bereits Schauplatz für einen Workshop dieser jungen Sportart. Hierbei haben sich alle Ebenen des Parks sowohl für AnfängerInnen als auch auch für fortgeschrittene Chairskater als vollständig erreichbar erwiesen. Wie der gesamte Allerpark soll auch die Skateskulptur alle Besuchergruppen anziehen können. Die Möglichkeit zur Inklusion ist ein zentraler Anspruch, den die Planer an jeden ihrer Entwürfe stellen und auch der Skatepark zieht nicht nur junge Sportler, sondern Zuschauer und interessierte Passanten jeden Alters an.

Konkave und konvexe Skateskultpuren reagieren auf die bestehenden
Parkstrukturen und ermöglichen alle populären Spielarten des Rollsports.

*Rampen, Boxen und Rails bilden
Elemente des urbanen Raums nach.*

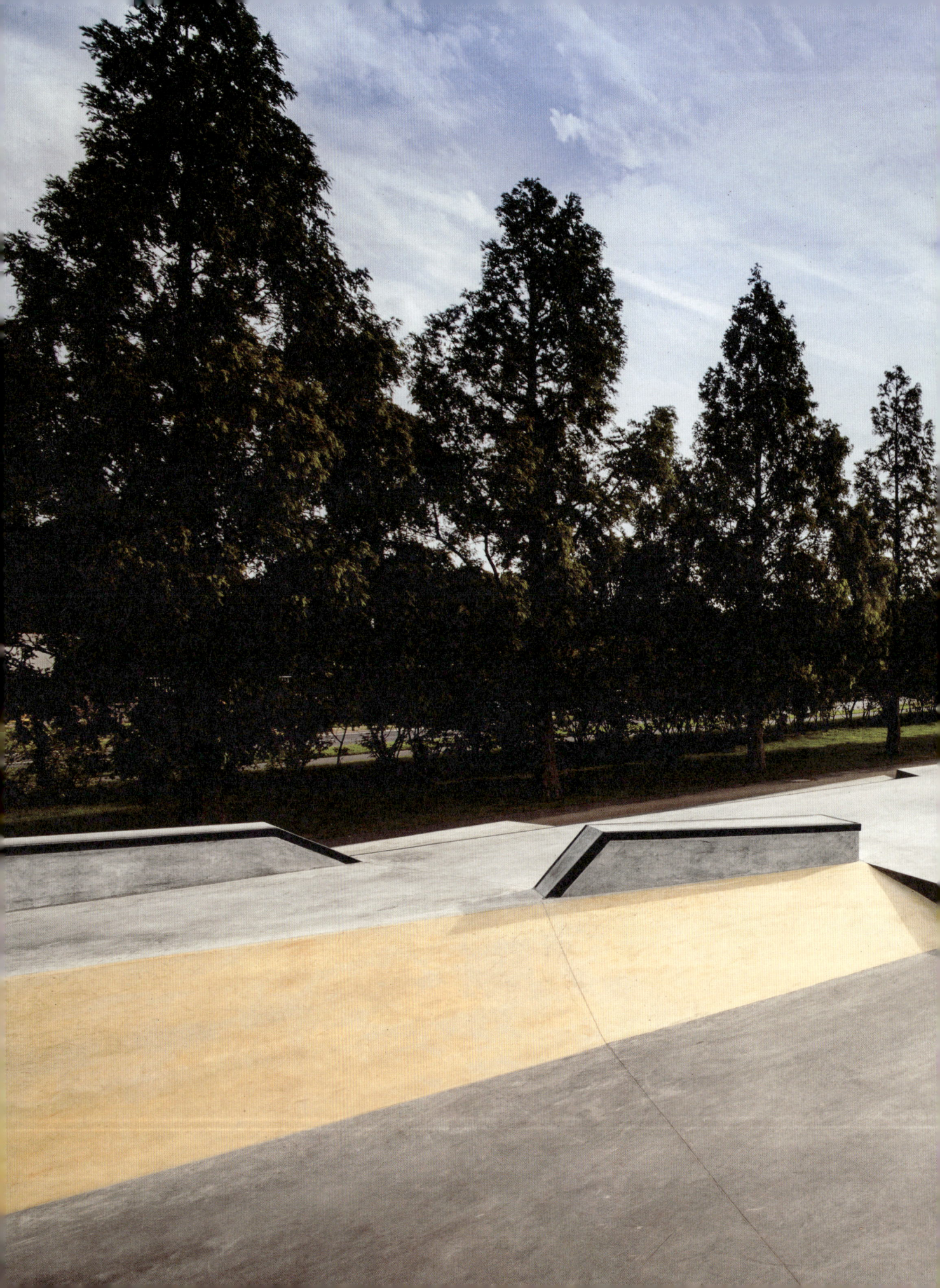

SULZERAREAL

WINTERTHUR
2002-2015

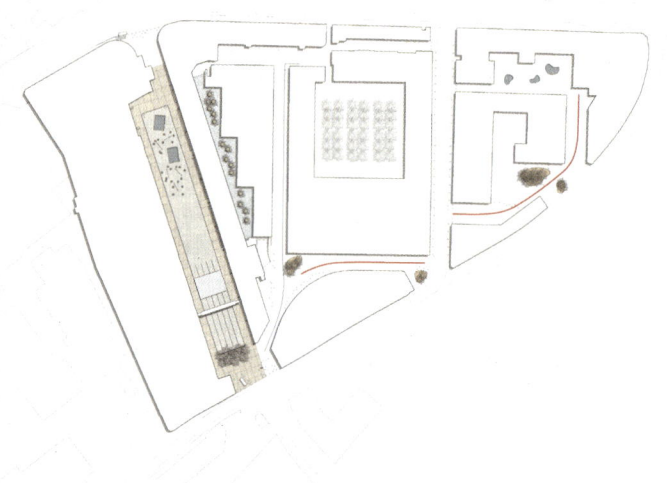

Umgeben von markanter Industrie- und Wohnbebauung strahlen die Freiflächen des ehemals in sich geschlossenen Sulzerareals nach ihrer Neugestaltung Offenheit, Weite und eine bewusst übersteigerte Plastizität aus. Die präzise Inszenierung der charakteristischen Materialien der Anlage und das Spiel mit der Optik industrieller Brachflächen in skulpturaler Form schaffen eine einmalige Raumwirkung.

Der Bodenbelag wurde an manchen Stellen gezielt mit leichten Absenkungen versehen, die Niederschlag sammeln und so den Platz mit auf den ersten Blick ungeplanten Wasserlachen bespielen. Regen und Verdunstung steuern die Aus- und Zurückbildung der reflektierenden Wasserflächen, motivieren so Bewegung und die Veränderung der Blickbeziehungen. Unterstützt wird die künstlerisch überhöhte Assoziation mit Brache und Verfall durch die Beschichtung des Bodens mit korrodiertem Stahlpulver, das außergewöhnliche Texturen und Farbspektren erzeugt.

DONAUHALLEN

DONAUESCHINGEN
2011

Für ein breites Spektrum an lokalen und überregionalen Events stellen die Donauhallen im Baden-Württembergischen Donaueschingen einen traditionsreichen Veranstaltungsort dar. Das Angebot reicht von monatlichen Viehauktionen über Volksfeste bis hin zu den international angesehenen Donaueschinger Musiktagen und sorgt so für eine heterogene Gruppe aus Besuchern und Veranstaltern, die unterschiedlichste Nutzungsansprüche stellen. In einer Umbauphase, nach der die Hallen auch in Zukunft diesen Anforderungen gerecht werden sollten, wurden die Räumlichkeiten 2010 durch eine Foyerlandschaft, Seminarbereiche und den neuen Strawinsky-Saal erweitert und mit einer kongruenten Gesamtwirkung aufgewertet. Um in diesem Zuge die neue Gestalt der Donauhallen auch landschaftsarchitektonisch angemessen zu repräsentieren, wurde das Büro Planstatt Senner betraut.

Durch eine Umlenkung der Verkehrsführung wurde der Außenraum so erweitert, dass die kubischen Gebäude zum einen ein großzügiges Entree erhalten konnten und zum anderen die Veranstaltungsflächen durch ein neues Open-Air-Areal erweitert wurden. Der Vorplatz kann vielfältig bespielt werden und ermöglicht nach Bedarf auch das Aufstellen eines Festzelts. Die einen Meter über dem Geländeniveau liegende Gebäudeerschließung wurde durch einen leicht ansteigenden Stadtsteg auf Bodenlevel gebracht und ist so nun vollständig barrierefrei zugänglich. Außerdem wurde mit einem neuen Seminargarten eine multifunktionale Außenfläche geschaffen, die zum Ausruhen einlädt und als grüner Seminarraum genutzt werden kann.

Eine ausgewählte Bepflanzung schafft hohes Identifikationspotential und schenkt dem Ort eine ausgeglichene Atmosphäre. Große Linden und Kastanien bilden ein natürliches Gegengewicht zu den modernen Gebäudekuben und spenden den Seminarräumen Schatten. Die kurze Distanz zu den Anliegern wird von einem grünen Heckenblock unterbrochen, der bei Veranstaltungen für Diskretion und Schallschutz sorgt.

Architektur und Freiraumplanung verschmelzen in überdachten Außenbereichen, die sowohl vom Gebäude als auch von der Botanik geprägt sind.

Durch eine Verkehrsumleitung konnte der Vorplatz vergrößert und die Veranstaltungsflächen um einen Außenbereich erweitert werden.

Holzbänke mit integrierten Leuchtmitteln bieten ausreichend Platz zum Verweilen.

*Linden und Kastanien spenden
den Seminarräumen Schatten.*

WOHNEN AM WESTPARK

MÜNCHEN
2010-2014

Das neue Stadtquartier im Viertel Sendling konnte 2010 auf einem ehemaligen ADAC-Firmengelände entstehen und umfasst heute 400 Wohnungen, zwei Einrichtungen zur Kinderbetreuung sowie einige Einzelhandelsflächen. In direkter Nähe zu dem Mietwohnbau befindet sich der Münchner Westpark, ein beliebtes Naherholungsziel, das im Rahmen der Internationalen Gartenbauausstellung 1983 entstanden ist. Die Gestaltung der öffentlichen Flächen zwischen den Gebäudemodulen wurde als Fortführung der Raumwirkung der Grünanlage gedacht und verleiht der Siedlung ein ruhiges, parkähnliches Flair. Der gestalterische Übergang zwischen Stadtpark und Wohnanlage verläuft fließend durch ein großzügiges Wiesental mit junger Baumbepflanzung. Ins Quartier hinein teilt sich das Grün in einzelne Wiesen mit geschwungenen Gräserkissen und Baumgruppen auf und durchströmt den urbanen Raum ohne dessen Infrastruktur zu stören. Ein Baumhain mit Sitzmöglichkeiten bildet das Entree von der Straße *Am Westpark* aus, an welchem auch die Einzelhandelsflächen zur Nahversorgung untergebracht sind.

Bereits in der Anordnung der Wohnhäuser wurde ein offenes Raster aus versetzten Solitärbauten gewählt, um vielfältige Blickbeziehungen zum Park und innerhalb der Siedlung zu ermöglichen. Die Landschaftsarchitektur führt diesen Gedanken fort, indem zugunsten von unterbrechungsfreien Rasenflächen auf Privatgärten verzichtet wurde. Die freien Zwischenräume werden nur durch die stilgebenden Gräserkissen und geschwungene, ockerfarbene Asphaltwege akzentuiert, welche die Parkatmosphäre bis vor die Gebäudemauern fortsetzen.

Gemeinschaftliche und optische Schlüsselelemente bilden baumbestandene Quartiersplätze, die sich an den Schnittpunkten der Wege ergeben und durch Metallskulpturen bespielt sind. Bei der Gestaltung der Kunstobjekte wurden die ästhetischen Vorstellungen der Bewohner mit einbezogen und so das Identifikationspotenzial des Ortes weiter erhöht.

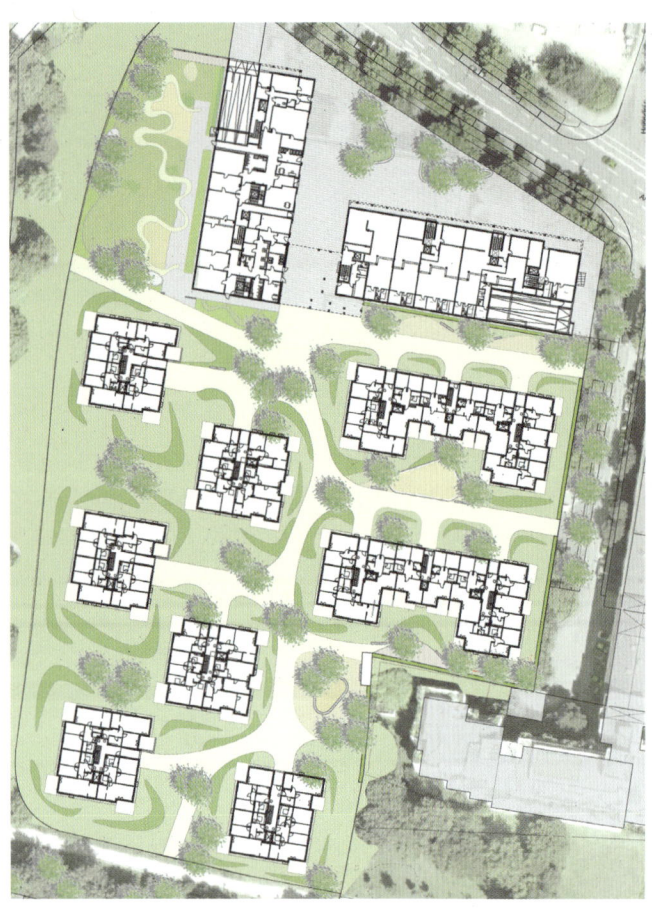

Der Entwurf setzt die Formsprache des angrenzenden Westparks in der Siedlung fort.

*An den Schnittpunkten der Wege öffnen sich Quartiersplätze,
die für die Bewohner als Kommunikationsräume fungieren.*

SIEGAUENPARK

SPRUNG AN DIE SIEG, EITORF
2012-2015

Der neue Siegauenpark im nordrhein-westfälischen Eitorf leistet die direkte Verbindung zwischen Stadt und Fluss mit einer abwechslungsreichen Naherholungsfläche, die besonders Kindern und Jugendlichen etliche Möglichkeiten zur Freizeitgestaltung bietet. Der Weg von der Stadt zur Sieg führt durch eine neu entstehende Stadtschiene mit flexiblen zukünftigen Nutzungsmöglichkeiten direkt in den Park, der sich entlang des Wassers in drei Bereiche gliedert: Siegstufen, Siegsteg und Siegbalkon.

Eine außergewöhnliche Aufenthaltsfläche und Spielskulptur bilden unterschiedlich hohe Kunststoffhügel, die auch zum BMX-Fahren genutzt werden können. Ein Skatepark aus Betonelementen, ein Streetball-Feld mit Tartanbelag sowie ein geplanter Badesee ergänzen das Angebot.

Mit dem Siegbalkon erhält das Planungsgebiet eine beruhigte Zone mit vielen Verweilmöglichkeiten. Auch der Theaterplatz als südöstliches Park-Entree bietet mit einer langen Sonnenbank und einem Wasserspiel einen atmosphärischen Ort der Ruhe und Erholung. Die lebendige Freifläche ist in der Lage, einen wertvollen Beitrag zur Identität Eitorfs zu liefern und die Lücke zwischen Stadt und Fluss auszufüllen.

Die markanten Kunststoffhügel bilden eine vielseitige Spiel-, Skate- und BMX-Fläche.

Das dreigliedrige Parkkonzept ist aufgeteilt in Siegstufen, Siegsteg und Siegbalkon.

ELKE UKAS
LANDSCHAFTSARCHITEKTEN

EIN NEUER STADTPARK AN DER ENZ

MÜHLACKER
2012-2015

Viele Lösungen, die für den Umgang mit innerstädtischen Flussläufen in früheren Jahrzehnten gefunden wurden, sehen heute mit einem gewandelten Blick auf das besondere Potenzial urbaner Gewässer anders aus. Neue Erkenntnisse im Bezug auf Hochwassermanagement führten dazu, die Renaturierung eines Flusses einer Begradigung oder einem unterirdischen Lauf vorzuziehen. Die wertvolle Funktion eines Gewässers als Naherholungsraum wurde zunehmend geschätzt. So nutzte auch die Stadt Mühlacker die Chancen ihrer 2015 ausgerichteten Gartenschau, um eine ökologisch wie stadtplanerisch fortschrittliche Neugestaltung ihres Enzufers vorzunehmen und die Flusslandschaft als wichtigen Teil der Stadtidentität zu stärken. Vorher zum Teil kanalisiert und heute renaturiert, entspricht

der Gewässerumbau so auch den modernen Standards der Hochwassersicherheit.

Durch den Einbau von Lenkbuhnen, die Absenkung des Ufervorlands sowie durch die Schaffung einer kleinen Insel wurde der Flusslauf wieder in einen naturnahen Zustand gebracht. Die beidseitig der Enz aus dem Vorland abgetragenen und innerhalb der heute durchgrünten Hochufer wieder aufgebrachten Erdmassen bilden den Boden für den neuen Stadtpark. Diese Lösung verzichtet auf die früheren Dammlagen und ermöglicht so wieder eine engere Vernetzung der durch den Lauf getrennten Stadtteile Mühlacker und Dürrmenz. Ein nur noch wenig effektiv genutztes innerstädtisches Areal von ca. 5 Hektar stand beidseitig der Enz für eine notwendige städtebauliche Grünentwicklung im Stadtkern zur Verfü-

gung. Neue Rad- und Fußwege verbinden das deutlich gewachsene Nutzungsangebot von Spielplätzen, Staudenflächen, einladenden Sitzmauern, Promenaden, einem Laubengang sowie einem Biergarten, einem Fontänenplatz und einer Skateanlage innerhalb weitläufiger Wiesenflächen.

Die Enz wurde zuvor als eine Barriere zwischen den beiden Vierteln wahrgenommen. Heute ist sie das verbindende Element, das der Stadt ein neues gemeinschaftliches Zentrum schenkt. Eine deutlich höhere Aufenthaltsqualität bietet allein schon die neu entstandene idyllische Kulisse des Flusslaufs, die nicht nur Mühlacker und Dürrmenz wieder optisch verbindet, sondern auch viele Blickbeziehungen zu der Burg Löffelstelz aufbaut, die als Wahrzeichen der Stadt über der Enz thront.

Neue Parkstrukturen prägen den vorher kaum genutzten Raum.

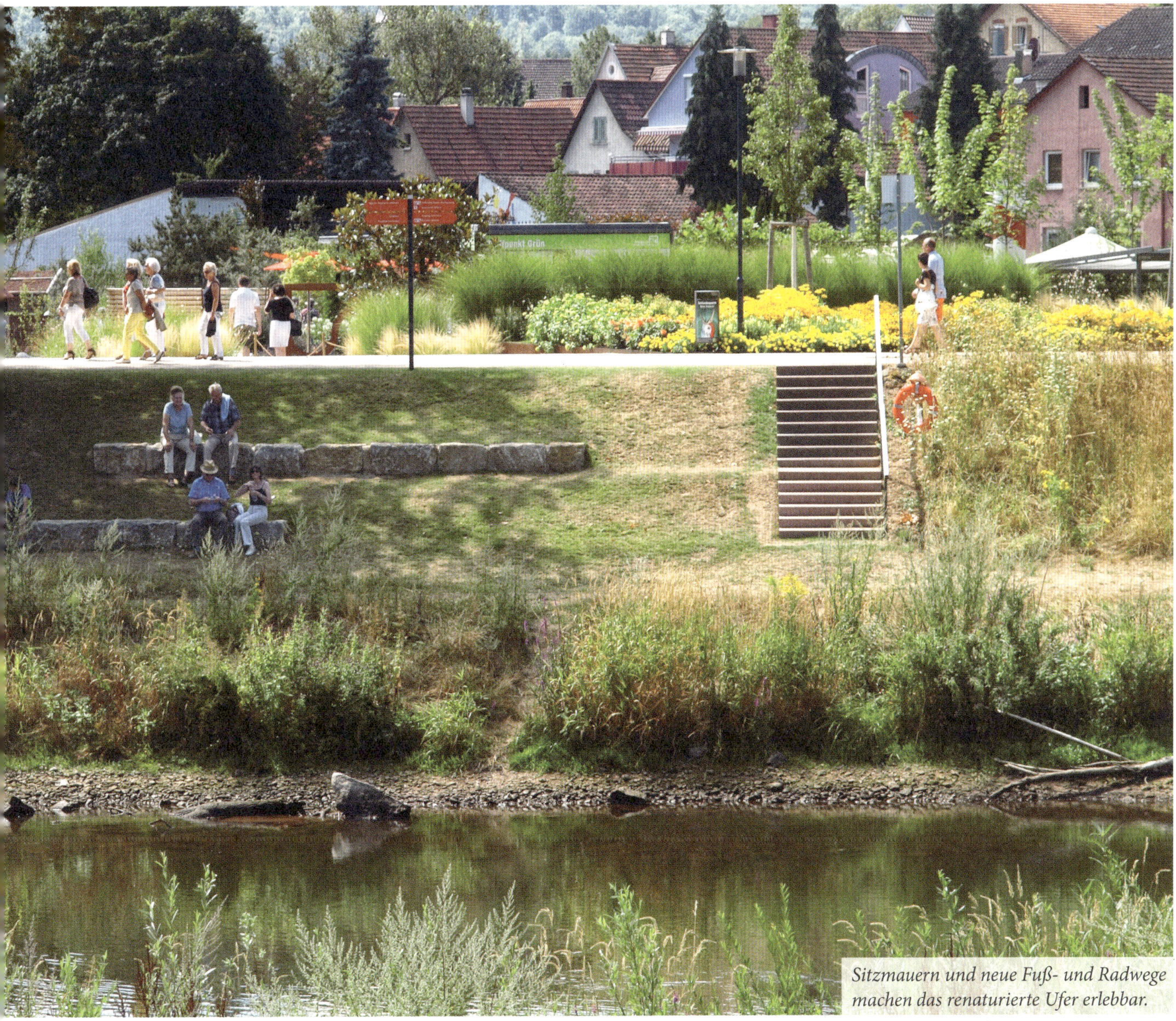

Sitzmauern und neue Fuß- und Radwege machen das renaturierte Ufer erlebbar.

HAFENPARK

FRANKFURT AM MAIN
2015

Als perfekte Symbiose aus einem modernen, hoch frequentierten Stadtpark und einem ruhigen, natürlichen Naherholungsgebiet wird der Hafenpark genau den Anforderungen gerecht, welche ein schnelllebiger und divergenter Standort wie Frankfurt am Main an zeitgemäße Stadtplanung stellt. Beachtlich an dem Entwurf ist bereits, dass sich überhaupt eine landschaftliche Nutzung des 5 Hektar großen Geländes im Osten der Stadt gegen potenzielle Wirtschafts- oder Wohnbebauung durchsetzen konnte und sich nun in direkter Nachbarschaft des Neubaus der Europäischen Zentralbank eine weitläufige Grünfläche erstreckt. Auch das übrige städtebauliche Panorama bietet außergewöhnliche Blickbeziehungen, welche die Identität des Areals prägen und in dessen Gestaltung fortgesetzt sind. Der Park markiert den Abschluss der Grün- und Flaniermeile am Mainufer und übernimmt dessen Promenadenflair. In gleichem Maße wird durch die Linienführung und Materialität der Parkelemente auch auf die imposante Architektur der Frankfurter Skyline und der zwei angrenzenden Mainbrücken Bezug genommen und so die Persönlichkeit der Großstadt in landschaftsarchitektonische Formensprache übersetzt. Das Nutzungsangebot des Hafenparks setzt den Fokus klar auf Sportanlagen und großzügige Räume für Fitness und Bewegung. Dieser Schwerpunkt ist die Reaktion auf die vielfältig in einer Online-Umfrage geäußerten Wünsche etlicher Bürger, die fast einhellig nach dezidierten Flächen zur körperlichen Betätigung verlangten. Als Konsequenz wird die Grundstruktur des Entwurfs durch ein raumwirksames Sportband geprägt, das die Hauptsichtachse zur Skyline und zum EZB-Gebäude nachzeichnet. Quer dazu schließt sich ein Wiesenband an, das sich Richtung Main orientiert und durch schollenartig angeordnete Grünflächen Ruhezonen und natürliche Entwicklungsbereiche schafft. Während Spiel- und Fitnessbereiche eine eher vegetativ orientierte Umgebung erhielten, werden die Spielfelder von Stahl-

treillagen eingefasst und nehmen so Bezug auf die moderne Stadtarchitektur.

Das Herzstück des sportlichen Angebots bildet der „concrete jungle", der mit seinen 5.000 m² Fläche einen der größten Skateparks Europas darstellt und dessen Planung von Skatern und BMXern rege verfolgt und mit beeinflusst wurde. Die öffentliche Ausübung und der soziale Austausch der verschiedenen Sportarten untereinander macht den Hafenpark zu einem bemerkenswerten Kulturraum, der schnell zahlreiche Sportler zusammenbringen konnte und vor allem selbstorganisierten, vereinsunabhängigen Gruppen ein Forum bietet.

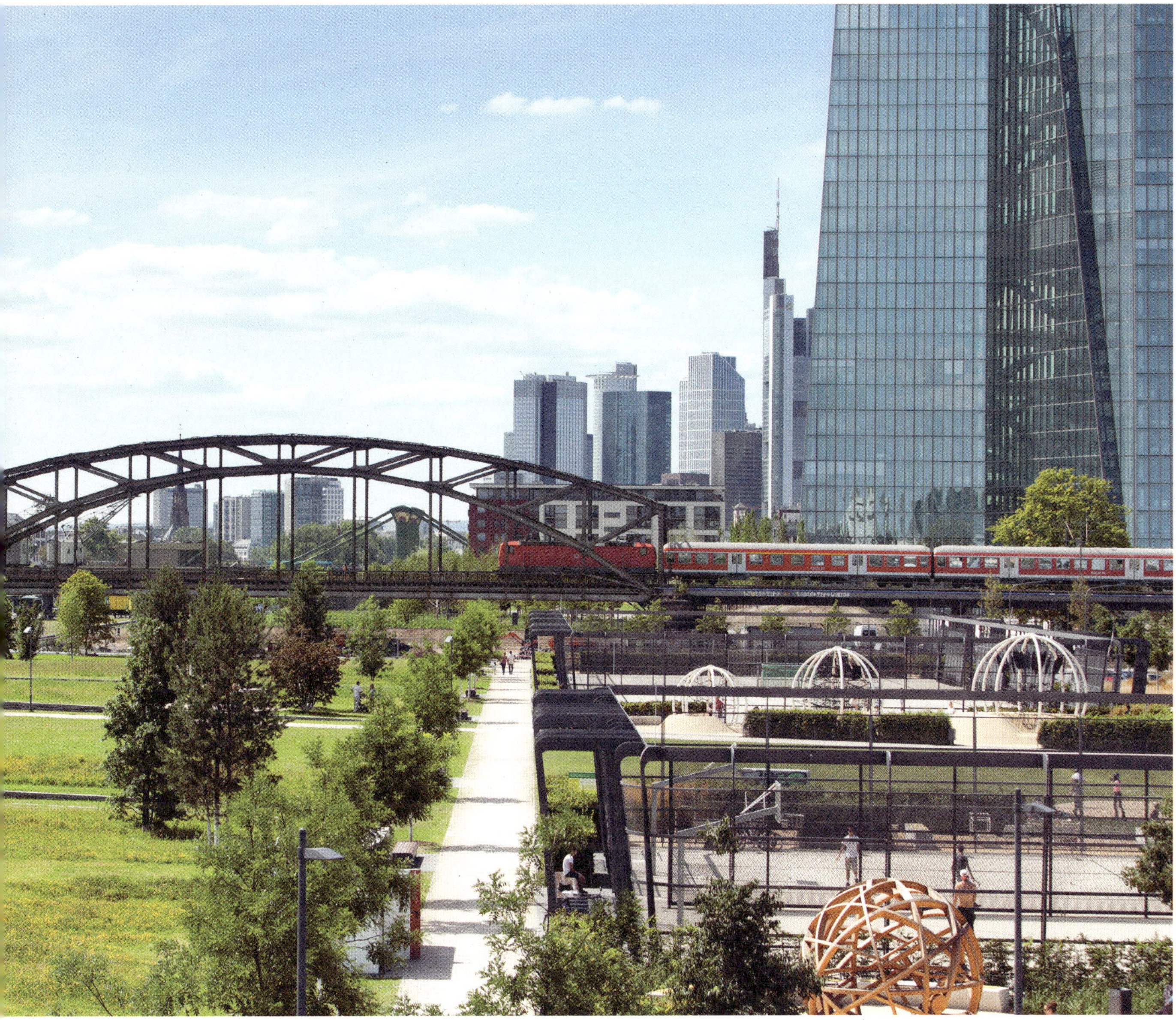

SINAI GESELLSCHAFT VON LANDSCHAFTSARCHITEKTEN

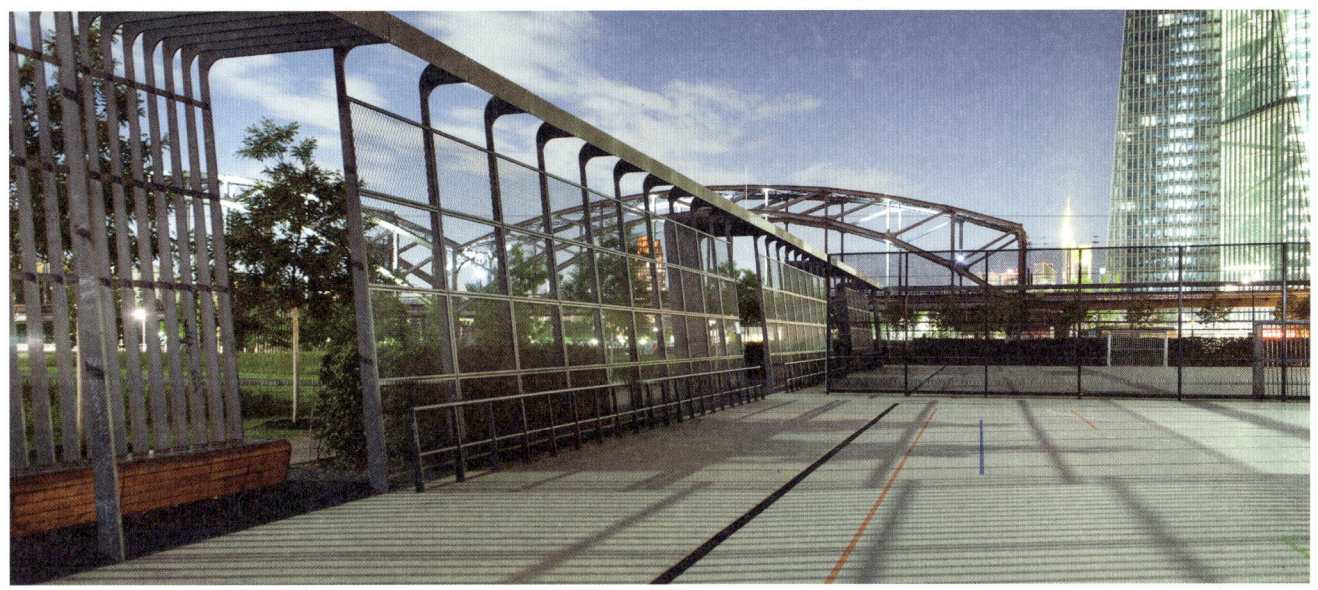

Der Bepflanzungsplan sah vorwiegend Gräser und Zürgel-bäume vor und schuf eine gelassene Heideatmosphäre.

Die Anlage wird vom Mainufer, Wirtschaftsbebauung und dem Frankfurter Grüngürtel eingefasst und vereint die unterschiedlichen städtebaulichen Einflüsse in ihrer heterogenen Gesamtwirkung.

INDEX

ANKE GRUNDMANN LANDSCHAFTSARCHITEKTEN
Stadtpark Eutritzsch | Seite 92-97
Fotografie: Anke Grundmann Landschaftsarchitekten

Hardenbergstraße 42
04275 Leipzig
Tel.: +49 (0)341 3916 121
Fax: +49 (0)341 3014 580
info@grundmann-la.de
grundmann-la.de

BIRKE ZIMMERMANN LANDSCHAFTSARCHITEKTEN
Torplatz am Eastgate | Seite 32-37
Fotografie: Birke Zimmermann Landschaftsarchitekten

Brunnenstraße 47
10115 Berlin
Tel.: +49 (0)30 4849 4019
info@birkezimmermann.de
www.birkezimmermann.de

BREIMANN & BRUUN LANDSCHAFTSARCHITEKTEN
Domplatz Hamburg | Seite 14-19
Fotografie: Martin Schlüter

BÜRO HAMBURG
BREIMANN & BRUUN GMBH & CO. KG
GARTEN- UND LANDSCHAFTSARCHITEKTUR
Borselstr. 18, Borselhof
22765 Hamburg
Tel.: +49 (0)40 8227 770
Fax: +49 (0)40 8227 7717
info@breimann-bruun.de
www.breimann-bruun.de

BÜRO PALMA DE MALLORCA
BREIMANN & BRUUN ESPAÑA S.L.
Carrer de Santa Magdalena n° 1,1°
07003 Palma de Mallorca
Baleares / Espana
Tel: +34 971 7211 74
Fax: +34 971 7265 78
info@breimann-bruun.es

BÜRO BERLIN
BREIMANN BRUUN SIMONS
LANDSCAPE ENGINEERING GMBH
Derfflingerstr. 6
10785 Berlin
Tel.: +49 (0)30 2309 950
Fax: +49 (0)30 2309 9555
office-berlin@breimann-bruun.de

CLUB L94 LANDSCHAFTSARCHITEKTEN GMBH
Bitscher Platz | Seite 66-69
Siegauenpark | Seite 142-145
Fotografie: Gereon Holtschneider

Zechenstrasse 11
51103 Köln
Tel.: +49 (0)221 7899 5020
Fax: +49 (0)221 7899 5021 1
info@clubl94.de
www.clubl94.de

LAHR (PROJEKTBÜRO)
club L94 Landschaftsarchitekten GmbH
Lammstr. 7
77933 Lahr

DSGN CONCEPTS
Skateskulptur Allerpark | Seite 120-125
Fotografie: Alexandra Kern

Hafenweg 31
48155 Münster
Tel.: +49 (0)251 9619 1573
Fax: +49 (0)251 9619 1574
info@dsgn-concepts.de
www.dsgn-concepts.de

ELKE UKAS LANDSCHAFTSARCHITEKTEN BDLA
Ein neuer Stadtpark an der Enz | Seite 146-151
Fotografie: Meinrad Heck

Finterstrasse 2
76137 Karlsruhe
Tel.: +49 (0)721 8305 481
Fax: +49 (0)721 8305 400
buero@ukas.de
www.elkeukas.eu

[F] LANDSCHAFTSARCHITEKTUR GMBH
Friedensplatz und Rossmarkt | Seite 54-59
Fotografie: Thomas Langreder

Beethovenplatz 14
53115 Bonn
Tel.: +49 (0)228 9027 8326
Fax: +49 (0)228 6088 4565
info@landschaftsarchitektur.net
www.landschaftsarchitektur.net

HERMANNS LANDSCHAFTSARCHITEKTUR/UMWELT-PLANUNG
Plätze am Dortmunder U | Seite 82-87
Fotografie: Hanne Brandt

Polmansstr. 10
41366 Schwalmtal
Tel.: +49 (0)2163 8880 788
info@landschaftsplaner.com
www.landschaftsplaner.com

**JUNKER + KOLLEGEN
LANDSCHAFTSARCHITEKTUR BDLA**
Campus Rhein Waal | Seite 42-47
Fotografie: Hans Jürgen Landes Abb. S. 46 l. u., Abb. S. 47 l. o.,
Abb. S. 47 u., Prof. Dipl.-Ing. Dirk Junker BDLA Abb. S. 44 l. u.
Abb. S. 45, Abb. S. 46 l. o.

Rittergut Osthoff Nr. 3
49124 Georgsmarienhütte
Tel.: +49 (0)5401 3651 660
Fax: +49 (0)5401 3651 6699
info@jkl-architektur.de
www.jkl-architektur.de

KUBUS FREIRAUMPLANUNG GBR
Zentralplatz Koblenz 102-107
Fotografie: D. Steinbach Abb. S.107 u. r., METTEN Stein + Design
Abb. S. 103, Abb. S. 106 o. l., J. Kirchner Abb. S. 104-105, Abb. S.
106 u. l., Abb. S. 106 r. o., Abb. S. 107 r. o.

BÜRO WETZLAR
Altenberger Straße 5
35576 Wetzlar
Tel.: +49 (0)6441 9485 99
Fax: +49 (0)6441 9485 22

BÜRO BERLIN
Dieffenbachstraße 37
10967 Berlin
Tel.: +49 (0)30 6298 3790
Fax: +49 (0)30-6290 1275
info@kubus-freiraum.de
www.kubus-freiraum.de

**PFROMMER + ROEDER
FREIE LANDSCHAFTSARCHITEKTEN BDLA IFLA**
Grüne Fuge | Seite 76-81

Humboldtstrasse 6
70178 Stuttgart
Tel.: +49 (0)711-9600 30
Fax: +49 (0)711-9600 333
kontakt@pfrommer-roeder.de
pfrommer-roeder.de

PLANSTATT SENNER
Landschaftsarchitektur | Umweltplanung | Stadtentwicklung
Donauhallen Donaueschingen | Seite 130-135
Fotografie: Achim Mende

ÜBERLINGEN
Breitlestraße 21
88662 Überlingen
Tel.: 49 (0)7551 / 9199-0
Fax: 49 (0)7551 / 9199-29
info@planstatt-senner.de
www.planstatt-senner.de

STUTTGART
Mörikestraße 67
70199 Stuttgart
Tel.: +49 (0)711 / 51872892
Fax: +49 (0)711 / 51872894
stuttgart@planstatt-senner.de
www.planstatt-senner.de

MÜNCHEN
Holzstrasse 47
80469 München
Tel.: +49 (0)89 / 4117 9292
info@planstatt-senner.de
www.planstatt-senner.de

POLA LANDSCHAFTSARCHITEKTEN, BDLA
Georgswall | Seite 48-53
Fotografie: Martin Mai Photography

Neue Schönhauser Str. 16
10178 Berlin
Tel.: +49 (0)30 - 2408 3415
Fax: +49 (0)30 - 2408 3418
mail@pola-berlin.de
www.pola-berlin.de

RAINER SCHMIDT LANDSCHAFTSARCHITEKTEN
Grüne Fuge - Zukunft Killesberg | Seite 76-81
Fotografie: Raffaella Sirtoli Abb. S. 77, Abb. S. 79, Abb. S.80 l. o.,
Abb. S 80 l. u., Abb. S. 81 r. o. , Thomas Wolf Gotha Abb. S. 78,
Abb. S. 80 r. o., Abb. S.81 l. o., Abb. S. 81 r. u.
info@rainerschmidt.com
www.rainerschmidt.com

MÜNCHEN
Von-der-Tann-Str. 7
80539 München
Tel: +49 (0)89 2025 350
Fax: +49 (0)89 2025 3580

BERLIN
Reichenberger Straße 113a
10999 Berlin
Tel: +49 (0)30 7890 780
Fax:+49 (0)30 7890 7890

BERNBURG
Friedrichstr. 17
06406 Bernburg
Tel.: +49 (0)3471 6281 78

RAJEK BAROSCH LANDSCHAFTSARCHITEKTUR
Oase 22 | Seite 20-25
Fotografie: Oliver Barosch, Isolde Rajek

Hollandstraße 7/17
1020 Wien
Österreich
Tel.: +43 1 9081 2971 0
Fax.: +43 1 9081 2966 6
office@rajek-barosch.at
www.rajek-barosch.at

**RMP STEPHAN LENZEN
LANDSCHAFTSARCHITEKTEN**
Inselpark, Neue Mitte und Neue Terrassen Wilhelmsburg |
Seite 26-31
Fotografie: Juliane Werner, RMP Stephan Lenzen Landschafts-
architekten Abb. S. 30 l. u. , Abb. S. 27 l. u.

Klosterbergstraße 109
53177 Bonn
Tel.: +49 (0)228 9525 70
Fax: + 49 (0)228 3210 83
info@rmp-landschaftsarchitekten.de
www.rmp-landschaftsarchitekten.de

NIEDERLASSUNG HAMBURG
Neuhöfer Straße 23
21107 Hamburg
Tel.: +49 (0)40 380 885 12
Fax: + 49 (0)40 380 885 11
hamburg@rmp-landschaftsarchitekten.de
www.rmp-landschaftsarchitekten.de

**SINAI GESELLSCHAFT
VON LANDSCHAFTSARCHITEKTEN MBH**
Hafenpark Frankfurt | Seite 152-157
Fotografie: Philip Winkelmeier

Lehrter Straße 57
10557 Berlin
Tel.: 49 (0)30 6677 6744 0
Fax.: 49 (0)30 6677 6745 0
info@sinai.de
www.sinai.de

STEFAN BERNARD LANDSCHAFTSARCHITEKTEN
Spittelmarkt Berlin | Seite 60-65
Fotografie: Christo Libuda

Monumentenstraße 33-34 | Aufgang A
10829 Berlin
T +49 (0)30 7895 6880
F +49 (0)30 7895 6882 9
info@stefanbernard.de
www.stefanbernard.de

**STUDIO VULKAN
LANDSCHAFTSARCHITEKTUR GMBH**
Dachgarten Toni Areal | Seite 70-75
Fotografie: Daniela Valentini Abb. S. 49, Abb. S. 50 u. l., Abb. S.
52 o. r. , Hanspeter Lüscher Abb. S. 52 l. l., Noemi Chow Abb. S.
50 o. l., Abb. S. 51 o. r., Abb. S. 51 u. r., Abb. S. 52 u. r., Abb. S. 53
o. r., Abb. S. 53 u.r.

Vulkanstrasse 120
8048 Zürich
Schweiz
Tel.: +41 43 3366 070
info@studiovulkan.ch
www.studiovulkan.ch

Kazmairstraße 46
80339 München
Tel.: +49 (0)89 7670 0139
info@studiovulkan.de

VER.DE LANDSCHAFTSARCHITEKTUR GBR
Wohnen am Westpark | Seite 136-141
Fotografie: Johann Hinrichs

Rindermarkt 2, 85354 Freising
Tel.: +49 (0)8161 5332 30
Fax: +49 (0)8161 5332 399
www.gruppe-ver.de

VETSCHPARTNER LANDSCHAFTSARCHITEKTEN AG
Sechseläutenplatz | Seite 88-91
Sulzerareal | Seite 126-129
Fotografie: Manuel Bauer Abb. S. 89, Abb. S. 90-91 m.u., Abb. S .
91 o., Ralf Feiner Abb. S.128-129, Abb. S. 127 o., Abb. S.127 u. r.,
Abb. S. 126-127 m, Michael Erik Haug Abb. S. 90 l

Neumarkt 28
8001 Zürich
Schweiz
Tel.: +41 43 244 82 00
Fax: +41 43 244 82 10
info@vetschpartner.ch
www.vetschpartner.ch

WBP LANDSCHAFTSARCHITEKTEN GMBH
St. Urbanus Kirchplatz in Gelsenkirchen | Seite 108-113
Fotografie: Stefan Schrills

Nordring 49
44787 Bochum
Tel.: +49 (0)234-962 99-0
Fax: +49 (0)234-962 99-125
mail@wbp-landschaftsarchitekten.de
www.wbp-landschaftsarchitekten.de

WES GMBH LANDSCHAFTSARCHITEKTUR
Park im Überseepark | Seite 38-41
 Verlagsneubau „Der Spiegel" – Ericusspitze | Seite 98-101
Fotografie: Frank-Heinrich Müller Abb. S. 38- 41, Jürgen Voss
Abb. S. 98-101

WES LANDSCHAFTSARCHITEKTUR HAMBURG
Jarrestraße 80
22303 Hamburg
Tel.: +49 (0) 402 7841 0
Fax: +49 (0) 4027 0666 8
hamburg@wes-la.de
www.wes-la.de

WES LANDSCHAFTSARCHITEKTUR OYTEN
Zur Wümmediele 24
28876 Oyten
Tel.: +49 (0) 4207 39 35
Fax: +49 (0) 4207 58 21
oyten@wes-la.de

WES LANDSCHAFTSARCHITEKTUR BERLIN
Reichenberger Straße 124
10999 Berlin
Tel.: +49 (0)30 5858 4440
Fax: +49 (0)30 6158 953
berlin@wes-la.de

WES LANDSCHAFTSARCHITEKTUR DÜSSELDORF
Erkrather Straße 365
40231 Düsseldorf
Tel.: +49 (0)211 7495 1788 0
Tel.: +49 (0)211 7495 1788 9
duesseldorf@wes-la.de

WETTE + KÜNEKE GBR
Schildepark Bad Hersfeld | Seite 114-119
Fotografie: Wolfgang Wette

Windausweg 10
37073 Göttingen
Tel.: +49 (0)551 7895 6360
buero@wgk-planung.de
www.wgk-planung.de

Hat Ihnen dieses Buch gefallen?
Besuchen Sie uns auf *www.deutscher-architektur-verlag.de*